SO GENIESST DER KREBS.
UND MIT WEM.

Die 12-Sterne-Küche

Gerda Rogers
Senta Ziegler

SO GENIESST DER KREBS. UND MIT WEM.

Mit Rezepten von Renate Wagner-Wittula

molden verlag

Impressum

ISBN 978-3-85485-279-7

Bücher aus der Verlagsgruppe Styria gibt es
in der Buchhandlung und im Online-Shop.

styriabooks.at

Lektorat: Marion Mauthe
Cover- und Buchgestaltung:
Doris Grussmann
Druck und Bindung:
Druckerei Theiss GmbH
St. Stefan im Lavanttal
Printed in Austria

INHALT

DEM KREBS IN DEN KOCHTOPF GESCHAUT

ERKENNE DICH SELBST

„Es ist verblüffend!" – so lautet immer wieder das Aha-Erlebnis von anfangs Uneingeweihten, wenn sie allmählich erkennen, wie sehr ihr persönlicher Charakter, ihr Wesen, ihre Psyche, Träume, Fehler und unangenehmen Merkmale mit den Eigenschaften ihres Tierkreiszeichens übereinstimmen. Diese Übereinstimmung findet sich bis hin zu den Ess- und Trinkgewohnheiten, die durch das persönliche Sternbild beeinflusst sind und die hier genüsslich beschrieben werden.

Jedes dieser zwölf Genussbüchlein bietet eine dreifache Bereicherung:

- Teil eins enthält eine ausführliche Wesensbeschreibung jedes einzelnen Tierkreiszeichens in Bezug auf Liebe, Familie, Heim, Küchengestaltung, Lokalauswahl, Festefeiern, Gaumenfreuden, Alkoholgenuss, Gesundheit und sportliche Aktivität. Mit einem Wort: Hier geht es um die Frage, wie jeder Einzelne von uns im Zeichen der Sterne genießen kann.
- Teil zwei gibt eine Übersicht über das Zusammenspiel der Sternzeichen: Wie sie einander ergänzen oder eben nicht. „Wie die Tierkreiszeichen einander einkochen" ergibt ein schlaues Wer-mit-wem, das zur verträglichen Partnerwahl für einen Abend, für einen gemeinsamen Urlaub – oder auch für ein ganzes Leben wertvolle Aufschlüsse gibt. Unsere Tipps sind als

kleine Wegweiser im Zusammenleben und -wirken gedacht, die zu beherzigen wir nur empfehlen können.

- **Teil drei** liefert jedem Tierkreiszeichen eine Fülle von Lieblings-Rezepten. Sie stammen aus der erprobten Rezeptesammlung des leider allzu früh verstorbenen, österreichischen Gourmet-Papstes Christoph Wagner, die seine Witwe Renate Wagner-Wittula für diese 12-Sterne-Küche zusammengestellt hat – zwölf feine kleine Geschenkbüchlein für alle, die ihren kulinarischen Alltag mit dem Stand von Sonne, Mond und Sternen in Einklang bringen und lustvoll leben wollen.

Wir wissen, dass Genetik, Erziehung, Milieu, Zeitumstände selbstverständlich für die Wesensart eines Menschen eine Rolle spielen, jedoch nicht die alleinige. Zeitpunkt und Ort der Geburt spielen insofern mitbestimmend, als sich der Einfluss der Gestirne nicht nur auf unseren Planeten im Allgemeinen auswirkt, sondern auch auf die auf ihm lebenden Organismen.

Absichtlich haben wir den Prototypus des Tierkreiszeichens mit seinen markanten Eigenschaften beschrieben. Hätten wir uns auf eine weniger kategorische Diktion eingelassen, dann wäre die Charakterisierung der Typen so verwässert, dass sich niemand an ihr orientieren kann. Auf Ausnahmen und Abweichungen einzugehen, die es entsprechend den persönlichen Horoskopen selbstverständlich gibt, würde den Rahmen dieser Publikation aber deutlich sprengen.

Und noch ein Phänomen verlangte unsere besondere Aufmerksamkeit: die Genderfrage. Denn wem fällt beim Stier nicht unverzüglich eine männliche, bei der Jungfrau eine weibliche Person ein? Es war also nötig, sich in jedem einzelnen Fall von den durch die männlichen und weiblichen Artikel noch fälschlich begünstigten alten Rollenklischees gebührend zu verabschieden. Sprechen wir also vom tüchtigen Stier, vom erfolgreichen Krebs, vom revolutionären Wassermann, dann sind sowohl weibliche als auch männliche Vertreter dieser Sternzeichen gemeint. Nur dann, wenn Unterschiede zu illustrieren waren, haben wir eine deutliche Geschlechtsunterscheidung vorgenommen.

Wie auch immer: Selbst wer nicht daran glaubt, dass es zwischen Himmel und Erde mehr Dinge gibt, als unsere Schulweisheit sich träumen lässt, dem hilft die Astrologie bestimmt, sein Lebensschiff etwas geschickter und gefahrloser durch die Untiefen und Klippen des Lebens hindurchzusteuern.

Und nun lassen Sie sich Ihre astrologisch angerichteten Tafelfreuden auf das Genussvollste schmecken – bon appétit!

Gerda Rogers und Senta Ziegler

KLEINE EINFÜHRUNG IN DIE ASTROLOGIE

Der Tierkreis bildet die Grundlage für das abendländische Horoskop. Er setzt sich aus zwölf Segmenten zusammen, die sich durch die Teilung der Ekliptik, also der scheinbaren Bahn der Sonne am Himmel im Lauf eines Jahres, ergeben. Ausgehend vom Frühlingspunkt, also der Frühjahrssonnenwende, werden diese Segmente jeweils einem Tierkreiszeichen unterstellt. Als Tierkreiszeichen einer Person wird im Normalfall dasjenige bezeichnet, in dem die Sonne zum Zeitpunkt ihrer Geburt stand.

Da die Sonne nicht um Mitternacht von einem Tierkreiszeichen in das nächste wechselt, ist die häufig zu findende allgemeine Einteilung nach Kalendertagen nicht vollkommen präzise. Der genaue Zeitpunkt des Übergangs variiert auch von Jahr zu Jahr, da das Sonnenjahr nicht genau 365 Tage lang ist. Astrologen berechnen den Übergang daher genau, in Tierkreiszeichen-Büchern und Zeitungshoroskopen ist dennoch die Angabe von Kalendertagen üblich, woran auch wir uns halten.

Die Tierkreiszeichen werden den vier Elementen Feuer, Luft, Erde, Wasser zugeordnet, mit den entsprechenden Grundeigenschaften:

- Die Feuerzeichen Widder, Löwe, Schütze: dynamisch, impulsiv
- Die Luftzeichen Zwillinge, Waage, Wassermann: flexibel, kontaktfreudig
- Die Erdzeichen Stier, Jungfrau, Steinbock: realistisch, vernunftorientiert
- Die Wasserzeichen Krebs, Skorpion, Fische: gefühlsbetont, zurückhaltend

Um ein Geburtshoroskop zu erstellen, ist es wichtig, Tag, Uhrzeit und Ort der Geburt genau zu kennen. Mit der Geburtszeit wird der Aszendent berechnet, das ist jenes Tierkreiszeichen, das im Augenblick der Geburt über dem Osthorizont in Erscheinung tritt und für die Charakterisierung überaus bedeutend ist.

Sollte sich der Leser also mit dem beschriebenen Eigenschaftenkatalog nicht hundertprozentig identifizieren können, so sollte er beim Tierkreiszeichen des Aszendenten nachlesen, um ein vollständigeres Bild der individuellen Persönlichkeit zu erzielen. Man sollte somit die Wesensmerkmale seines Tierkreiszeichens genauso wie jene seines Aszendenten kennen.

Die Charakteristik eines Menschen ist allerdings nicht nur vom Sonnenstand und vom Aszendeten bestimmt, auch die einzelnen Planeten haben einen starken Einfluss auf das Individuum und sein Schicksal.

DER KREBS

22. Juni bis 22. Juli

EIGENSCHAFTEN DES KREBSES

Krebs-Geborene sind bekannt dafür, dass sie einen Schritt nach vor- und drei zurückgehen. Doch ist der Krebs von allen Tierkreiszeichen der häuslichste und familiärste. Der Sinnspruch „My home is my castle – mein Heim ist mein Schloss" gilt ganz besonders für ihn. Am liebsten verschließt sich der Krebs in seiner Schale, er sucht Geborgenheit. Gern zieht er sich in diese Sicherheit zurück und lässt am liebsten niemanden herein. Er liebt sein Häuschen, das er mit Vorliebe am Ufer eines Gewässers baut, und zumindest ein Biotop will er in seiner Nähe wissen. Krebse umgeben sich mit Vorliebe mit alten Dingen, mixen alten und neuen Stil. Dies können kostbare Antiquitäten oder gewöhnliche Erbstücke von den Großeltern sein. Sie sind Hüter des Vergangenen, des Familienerbes, sie pflegen die Tradition, die sie auch in ihrem Lebensstil weiterführen. Er befasst sich oftmals mit Geschichte, Altertumsforschung und Archäologie.

Den meisten Krebs-Geborenen ist durch ihren enormen Fleiß der wirtschaftliche Erfolg sicher. Ein garantiertes Einkommen ist ihnen wichtig. Ihren Beruf wechseln sie nicht gern, sie bewahren das Erreichte. Sie sind nicht unbedingt die großen Erfinder, dafür aber sehr kreativ. Es fehlt ihnen nur die Spontaneität, sie überlegen meist zu lang, ehe sie sich entscheiden. Oft zahlen sie durch ihre Gutmütigkeit auch drauf, zum Beispiel wenn sie zögern, eine marode Firma aufzugeben und zu schließen. Flexibel sind sie nicht und bleiben gern in ihrem gewohnten Trott.

Durch ihre starke Abhängigkeit vom Mond neigen typische Krebse zu enormen Stimmungsschwankungen. Von einer Sekunde auf die andere kann die Stimmung des Krebses kippen und tief ins Melancholische sinken. In einem Augenblick noch sind sie heiter, aber wie auf Knopfdruck – sei es wegen eines falschen Wortes oder eines missverstandenen Vorwurfs – sind sie betrübt. In diesem Fall verkriechen sie sich. Befindet sich der Krebs auf dem Rückzug, muss man ihn ziehen lassen. Dann herrscht Funkstille. Er muss hier einiges mit sich selbst ausmachen. Der Mond zieht vorüber, die Stimmung bessert sich wieder, oft von allein. Es ist wie in der Natur, wenn die kleinen Krebse bei Ebbe wieder aus dem Wasser krabbeln.

Werden Krebse verletzt, kann es aber sein, dass man nie wieder an ihr Innerstes herankommt. Der Krebs ist leidensfähig, er leidet zyklisch, wie der Mond in seiner Laufbahn um die Erde, so wandert auch seine Seele. Krebse sind überwiegend Nachtmenschen, die mit dem aufgehenden Mond zu leben beginnen. Sie fühlen sich am Vormittag noch nicht wirklich wach, ihre Kreativität steigt erst allmählich. Je später der Tag, umso munterer werden sie, weshalb sie oft in Nachtberufen arbeiten. Aber auch im Sozialbereich sind Krebse anzutreffen, ihr ständiges Bemühen um andere können sie aber auch in der Gastronomie hervorragend ausleben. Männer engagieren sich im Bauwesen und ganz allgemein in konstruktiven Berufen. Ungesundes, stressiges oder liebloses Betriebsklima macht Krebse krank.

Krebse müssen nicht unbedingt in die weite Welt hinaus. Tun sie es dennoch, plagt sie Heimweh. Wandern junge Krebse aus, so kehren die meisten von ihnen doch wieder zu ihren Wurzeln zurück, weil sie sehr heimatverbunden sind.

Der Krebs ist ein Sammler, er richtet sich gemütlich ein und das nicht immer dem neuesten Zeitgeist entsprechend. Der Krebs ist lieber zu Hause und geht wenig aus. Was man schon von Jugend an bemerkt: Jung-Krebse feiern ihre Partys am liebsten im eigenen Haus und übernachten nicht gern in fremden Betten. Sie sind übrigens auch jene, die immer wieder an denselben Urlaubsort in dasselbe Hotel fahren, wo sie dieselben Leute treffen.

Der Krebs und die Liebe

Als Single sind Krebs-Geborene meist unglücklich, der Wunsch nach Häuslichkeit, Geborgenheit und Ehe ist immer vorhanden – mit allem, was dazu gehört: Krebse brauchen viel Liebe, Herzlichkeit, Anerkennung,

Lob. Sie sind besonders hilfsbereit und fürsorglich ihrer Familie gegenüber, oft bis zur Selbstlosigkeit. Als Partner sind sie jedoch nicht eben unkompliziert. Mit den Stimmungsschwankungen der Krebse sollte man sich schon vor einer fixen Partnerschaft auseinander setzen, denn sie haben das Problem, dass sie Kritik, auch wenn sie allgemein gehalten ist, viel zu sehr auf sich beziehen: Krebse nehmen alles persönlich, sie sind feinfühlend und sensibel. Sie fühlen sich schnell angegriffen und unverstanden, was sich in Launenhaftigkeit äußert. Da Krebse viel für andere tun, erwarten sie stets Anerkennung dafür. Bleibt diese aus, sind sie zutiefst gekränkt. Sie neigen zum Überreagieren, weshalb es sowohl in der familiären Beziehung wie auch am Arbeitsplatz zu Frustrationen kommen kann.

Krebs-Männer suchen sich eher verständnisvolle, reifere Frauen als Partnerinnen. Hier sind es die Männer, die sich gern anlehnen und wie in ihrer Kindheit verstanden fühlen wollen. Ehefrauen von Krebs-Männern werden sich wohl ganz allgemein mit dieser Mutterrolle anfreunden müssen, sonst wird die Partnerschaft kaum gelingen.

Parallel dazu suchen sich Krebs-Frauen meist jüngere Partner, die sie in ihrer übergroßen Mütterlichkeit umsorgen können. Sie sind warmherzige, jedoch Besitz ergreifende Partnerinnen. Es ist deutlich zu beobachten, wie sehr Krebskinder den intensiven Körperkontakt mit ihrer Mutter suchen. Am wohlsten fühlen sie sich, wenn ihre Mutter sie in einem Tuch am Körper trägt. Später wollen sie noch lange zur Mutter ins Bett, auch das Stillen dauert etwas länger als bei anderen Babys.

Der Krebs kann nur schwer loslassen, kehrt immer wieder zum Alten, Gewohnten zurück. Ist er in der Liebe enttäuscht, sehnt er sich nach seiner Jugendliebe zurück und träumt ewig davon, wie es mit dieser geworden wäre. Krebse haben ihre Vergangenheit nie bewältigt.

Der Krebs – ein Familienmensch

Da Krebse ihre Kinder stets um sich haben wollen, auch wenn diese schon erwachsen sind, wird auch das Haus geräumig (aus-)gebaut, damit alle beisammen bleiben können. Der fürsorgliche Krebs neigt zu mehreren Kindern. Ist die Familie intakt, leben sie mit Vorliebe in der Großfamilie mit mehreren Generationen und Anverwandten.

Krebse sind wunderbare Großeltern, sie sind die großen Bewahrer der Familientradition, noch intensiver als der Stier. Krebs-Frauen leiden sehr, wenn ihre Kinder aus dem Haus gehen. Auch bei Scheidungen leiden die Krebs-Geborenen mehr als andere, erstens weil ihre Ideale verletzt sind und zweitens, weil sie auch in diesem Fall nur schwer loslassen können. Für den Bestand der Familie wird viel in Kauf genommen, hier opfern sie sich mit viel Hingabe und sind sogar bereit, individuelle Bedürfnisse hintan zu stellen.

Wenn Krebs-Frauen ihren Mutterinstinkt übertrieben ausleben, kann es zu Konflikten mit den Kindern kommen. Krebs-Mütter opfern tendenziell eher ihre berufliche Karriere zugunsten der Familie als andere. Sie sind ehrgeizig bemüht, aus ihren Kindern wertvolle Mitglieder der Gesellschaft zu machen.

Krebse können sehr gut mit alten Menschen umgehen, sie erweisen ihnen Respekt und bringen ihnen Verständnis entgegen. Sie sind gute Altenpfleger, ein fühlsame Therapeuten. Der Krebs muss nur aufpassen, dass er sich nicht übernimmt und selbst auf der Strecke bleibt.

Krebse springen sehr auf Zuneigung und Anerkennung an. Kommt es zu einer Affäre, so wird diese diskret behandelt. Heim und Familie würde der Krebs nur im äußersten Fall für eine heimliche Liebe aufgeben. Hier ein Tipp aus der Sternenkunde: Auch einen fremd gehenden Krebs wird man mit viel Streicheleinheiten wieder ins eigene Heim zurückholen können, anders als die Zwillinge oder den Schützen. Wenn die einmal Adieu gesagt haben, bleiben sie weg.

Der Krebs unterlässt so manches aus Rücksicht auf Tradition und Geld. Er ist kein Verschwender. Statistisch finden sich unter den Krebsen die wenigsten Scheidungen. Trennen sie sich schweren Herzens doch einmal, kann man tendenziell beobachten, dass sie irgendwann wieder mit dem ursprünglichen Partner zusammenkommen. Manche suchen ewig ihre Jugendliebe, also auch hier – eher zurück in die Vergangenheit. Sie sind es, die alle Briefe aufheben und immer wieder an die alten Plätze zurückkehren. Krebse neigen dazu, immer alles mit dem zu vergleichen, was sie einmal hatten. Ein neuer Partner hat es schwer, denn es ist für den Neubeginn nicht förderlich, wenn überall in der Wohnung die alten Bilder und Erinnerungen herumstehen.

Der Krebs als Sportler

Den Krebsen fehlt ein ausgeprägter Sportsgeist. Sie sind keine Dauersportler, wie etwa Schütze und Widder. Sie sind ausdauernde Wanderer in der Natur, betreiben Wassersport, sie picknicken und reisen gern. Dafür ist der Krebs allzeit ein guter Begleiter. Kulturelle Ereignisse wie Konzerte, Theateraufführungen, Kino können sie überaus genießen.

Der Krebs und die Gesundheit

Krebse neigen zu Übergewicht, sie verkörpern das Weiblich-Mütterliche und haben im Alter entsprechend mit der Figur zu kämpfen. Will sich der Krebs einer Diät unterziehen, so sollte er diese, wie allgemein zu empfehlen, bei abnehmendem Mond beginnen. Denn dann zieht der Mond die Säfte der Erde zu sich. Bei zunehmendem Mond behält alles auf Erden seine Flüssigkeit, man nimmt nur schwer ab.

Mehr als alle anderen Sternzeichen braucht der Krebs viel Flüssigkeit. Schon von Kindesbeinen an. Ist man mit einem Krebs-Kind unterwegs, sollte man immer eine große Flasche Wasser mitnehmen, auch später – für größere Kinder – ist es empfehlenswert, immer etwas zum Trinken dabei zu haben! Sie lieben breiige, leicht verdauliche Speisen, auch Suppen und Tees. Übrigens schlägt sich Frust, zu dem der Krebs neigt, bei ihm besonders auf den Magen.

Die unangenehmen Seiten des Krebses

Krebse können humorvoll sein, sind dabei aber niemals oberflächlich. Allerdings sehen sie manches viel zu dramatisch. Männer haben mit dieser Krebs-Natur größere Probleme als Frauen. Denn die Eigenschaften, die diesem Tierkreiszeichen zugeschrieben werden, diese sensible Empfindlichkeit, werden einer Frau auch heute noch weit weniger übel genommen als einem Mann und ihm, trotz Gleichberechtigung, als unmännliche Schwäche ausgelegt. Sollte er nicht stark wie eine Eiche sein und nicht in jedem kleinsten Wind knicken?

Die empfindsamen Charakterzüge des Krebses passen eher noch ins Klischee des weiblichen Rollenbildes. Deshalb wird man diese Eigenschaften bei Frauen, wenn auch murrend in Kauf nehmen, während sie im sozialen Kontakt mit Krebs-Männern eher skeptisch aufgenommen werden.

Typische Krebs-Geborene

Österreichs legendäre TV-Moderatorin, Bestsellerautorin und Charity-Lady Chris Lohner (geboren am 10. Juli 1943 in Wien) ist Krebs mit Wassermann-Aszendent, das bedeutet, sie liebt es, sowohl vor Publikum zu stehen, kann sich aber auch in ihre eigene Schale zurückziehen.

Der große TV-Entertainer, Schauspieler und Sänger Peter Alexander (geboren am 30. Juni 1926 in Wien) war mit seiner Anglerleidenschaft ein sehr typischer Krebs. Signifikant ist auch der totale Rückzug ins Privatleben, nach dem Tod seiner Ehefrau und Managerin. Dass Krebse auch humorvoll sein können, hat Peter Alexander ebenfalls zur Genüge bewiesen.

Ernest Hemingway (geboren am 21. Juli 1899 in Oak Park, Illinois, USA) war Krebs, dafür sprechen ungünstigerweise seine Alkoholexzesse in den depressiven Phasen. Seiner starken Zwillinge-Besetzung verdankt er allerdings seine enorme literarische Schaffenskraft und auch außergewöhnliche Abenteuerlust.

Die italienische Diva Gina Lollobrigida (geboren am 4. Juli 1927 in Subiaco, Italien): Auch bei ihr zeigte sich diese typische Rückwärtsgewandtheit. Sie folgte in ihrem Outfit nie den Trends der Zeit, blieb ihrer einmal festgelegten äußeren Erscheinung bis ins Alter treu.

Der Krebs als Genießer

Krebse kochen gern und helfen schon als Kind in der Küche mit, sie schauen zu, beobachten und lernen.

Am liebsten isst der Krebs Speisen aus der Alt-Wiener-Küche. Sie lieben alle Arten von Suppen, durch die sie auch ihren hohen Flüssigkeitsbedarf decken. Krebse sollten immer die Wasserflasche bereithalten, um ihren Durst zu löschen. Auch Tees helfen.

Der Krebs als Gastgeber

Da sein Heim sein Schloss ist, legt der Krebs auf dessen Ausstattung größten Wert. Die Küche ist das Herz und das Zentrum der Gemütlichkeit. Er strebt danach, die feinsten Markenküchen und die neuesten Gerätschaften zu besitzen, hat im Hinblick auf die Küche ein Krebs-untypisches Faible für die modernsten Errungenschaften. Am liebsten hat er es, wenn der Kochplatz ins Wohnzimmer integriert ist.

Männliche wie weibliche Krebse sind gastfreundlich, gerne bewirten sie ihre Gäste und geben sich dabei die größte Mühe. Mit ihrem schönsten Geschirr sorgen sie für einen geschmackvoll gedeckten Tisch. Schon bei der Auswahl der Rezepte, beim Einkaufen und dann beim Zubereiten der Speisen wird auf höchste Qualität Wert gelegt.

Krebse kochen gern, man findet sie zahlreich in gastronomischen Betrieben. Sie lieben ihre Gemüsebeete im Garten und können leidenschaftliche Bienenzüchter sein. Überhaupt sammeln sie mit großer Zähigkeit Vorrat für den Winter oder für schlechte Zeiten.

Mit dem Krebs im Restaurant

Der Krebs ist kein Spielverderber, er liebt Gäste und Geselligkeit. Er ist sowohl dem Essen wie auch dem Trinken überaus zugetan. Er ist an und für sich ein Nachtmensch, darum wird es ihm nichts ausmachen, spätabends noch auszugehen und zu speisen. Im Gegenteil, man kann ihm damit sogar Freude bereiten.

Er liebt gediegene Restaurants mit nostalgischem Ambiente und Romantik von anno dazumal, wo etwa berühmte Menschen gespeist haben. Er sucht vornehmlich Gaststätten in alten Burgen und Schlössern auf, am liebsten hat er Gedecke mit Kerzenlicht. Der Geruch von altem Holz, eine schöne alte Schank mit Bierzapfhähnen aus poliertem Messing und einige alte Möbelstücke – in dieser Umgebung müsste dem Krebs eigentlich alles schmecken. Auch höhlenartige, dunkle Pubs behagen seinem Wunsch, sich ganz mit Geborgenheit zu umgeben. In weitläufigen, hell ausgeleuchteten Lokalen wird er sich nur ungern blicken lassen. Dies gilt auch für exotische Spezialitätenrestaurants.

Die lukullischen Favoriten des Krebses

(Rezepte siehe Seite 74)

- Zum Einstieg: eine ausgiebige Suppe.

- Als Hauptgericht Nudelgerichte, aber auch kräftigere Speisen wie Wildbraten in Rahmsauce mit Knödel.

- Gerne weichen Krebse in die milde Gemüseküche aus.

- Der heimatverbundene Krebs ist nicht unbedingt der Genießer asiatischer, exotischer Küche. Er ist ein bodenständiger Charakter. Geflügel, Fisch und alles, was aus dem Wasser stammt, erfreut seinen Gaumen.

- Der Krebs ist ein Freund warmer Süßspeisen aus der böhmischen Küche wie Palatschinken, Kaiserschmarren, aber auch beispielsweise gute Obstknödel wie Marillen- oder Zwetschkenknödel haben es ihm angetan.

- Andererseits wollen sich Krebse bei Süßigkeiten nicht zurückhalten: Es darf schon die cremige Torte zum Nachtisch sein.

WIE DER KREBS DIE ANDEREN STERNZEICHEN EINKOCHT

Wie der Krebs die Feuerzeichen Widder, Löwe und Schütze einkocht

Krebs & Widder

Diese beiden sind zwei extrem konträre Charaktere. Nur in den seltensten Fällen ist dieser Konstellation auf Dauer Erfolg beschieden. Für den weichen und zarten Krebs kann so eine Beziehung dann belebend wirken, wenn der dynamische Widder es versteht, ihn aus seiner Reserve zu locken. Geht er dabei in seinem Widder-Temperament allerdings zu stürmisch vor, wird das für den Krebs zum Drama. Bedenkt der Widder den Krebs nicht mit genug anerkennendem Lob für dessen Einsatz, wird sich Letzterer in die innere Emigration zurückziehen und still leiden. Der Widder hält umgekehrt die andauernde Überempfindlichkeit des Krebses nur schwer aus.

Der Widder geht spontan, direkt, ohne Rücksicht auf das Seelenleben des Krebses vor. Er fühlt sich gut dabei, der Krebs bricht seelisch zusammen. So eine Beziehung kann nur funktionieren, wenn der Widder viel unterwegs ist und der Krebs zu Hause für alles sorgt. Da der Krebs aber stets die gesamte Familie um den Tisch haben will, wird auch diese Notlösung nicht wirklich gut gehen.

Sie sind fast unversöhnlich konträr. Der Widder ist das Feuer, spontan und hektisch. Obwohl sich Krebse gerne konträre Partner suchen, ist ihnen von einem Widder als Lebenspartner eher abzuraten. Am wenigsten funktioniert die Konstellation Krebs-Mann mit Widder-Frau. Er will Häuslichkeit, sie Abenteuer. Die Widder-Frau ist regelmäßig mit Freundinnen auf dem Tennisplatz oder im Kino, sie wird den auf Gemütlichkeit bedachten Krebs nicht umsorgen. Der Widder kann sich kaum auf den Krebs einstellen. Er wird es nicht aushalten, daheim zu sitzen, er will doch etwas erleben! Das Feuer muss genährt werden! Der Krebs als Wasserzeichen aber löscht das Feuer des Widders. Zumindest versucht er es. Wie kann dies in einer Partnerschaft gut gehen?

Für kurze Zeit kann diese Gegensätzlichkeit für beide belebend sein. So kann es dem Widder gelingen, den Krebs in eine neue spannende Welt zu entführen. Aber schon im gemeinsamen Urlaub klaffen die Vorstellungen von Freizeitgestaltung und Erholungsbedürfnis auseinander. Der Krebs wird am Strand mit einem Buch in der Hand liegen, während der rastlose Widder lieber auskundschaftet, was man unternehmen könnte, um es lustig zu haben. Einzig abends in der Bar würden sie sich treffen und gemeinsam genießen. Der Widder wird aber auch hier das große Wort führen.

Auch der Umgang mit der eigenen Geschichte läuft bei Krebs und Widder gegensätzlich: Der mehr in der Vergangenheit als in der Zukunft lebende Krebs, der alles aufbewahrt und sich von keiner Tasse der Oma trennt, kommt mit der schnellen Wegwerfmentalität des Widders nicht zurecht.

Sobald es ums Essen geht, sind die bevorzugten Gerichte zu allem Überfluss auch noch unvereinbar: Das vom Widder geschätzte Scharfe und Würzige verträgt der Krebs mit seinem empfindlichen Magen schlicht und ergreifend nicht.

Der Widder ist ein ausgeprägter Fleischesser. Seine Favoriten sind: eine große Portion Beef tatar. Er liebt alles Gegrillte. Er liebt Wild, auch fernöstliche und orientalische Fleischtöpfe. Scharf und würzig muss die Zubereitung sein, die durchaus exotisch und fremdartig sein darf, nur scharf muss sie sein, Chili, Curry und Paprika sind das Seine. Dem Krebs darf man damit nicht kommen.

Zum Hauptgericht will der Widder eine außergewöhnliche Flasche Rotwein genießen. Auch bei den süßen Nachspeisen sollte ein wenig mit Alkohol nachgeholfen werden. Ausführliche Rezepte für den Widder finden Sie im Genussbuch WIDDER.

Harte Getränke und überwürzte Speisen führen beim Krebs schnell zu Gastritis und Magenbeschwerden.

Will der Widder-Herr eine Krebs-Dame verführen, wird er größte Rücksicht nehmen müssen. Er darf sich nicht hinreißen lassen, ihr etwas aufzunötigen. Bei der Getränke-Auswahl wird er sich auf die feineren, milderen Sorten verlegen müssen, was für den Widder oft zu wenig feurig ist. Auch bei der Auswahl der Lokale geht der Krebs feinfühlender vor: Die modernen Designer-Lokale, die es dem Widder so angetan haben, lassen den Krebs buchstäblich kalt, sie sind ihm zu wenig heimelig, zu wenig romantisch. Aber wenn die beiden einmal beisammensitzen, können sie sich in anregenden Gesprächen verlieren. Die Gefahr besteht aber auch hier, dass der Widder den zurückhaltenden Krebs wenig zu Wort kommen lässt. Zuhören ist nicht die Stärke des Widders.

Krebs & Löwe

Diese Mischung verträgt sich etwas besser. Löwe und Krebs sind beide Rudel- und Familienmenschen. Der Löwe kann den Familiensinn des Krebses gut erwidern, beide lieben die Familie um sich, beide sind Charaktere, die Heim und Häuslichkeit lieben.

Der großzügige Löwe kann dem Krebs gut und gern eine Bühne bieten, auf der er sich wohlgefällig entfaltet. Der Löwe ist ein galanter Gastgeber und Gesellschafter, wobei der Gestalter des Abendprogramms mit Sicherheit der Society bewusste Löwe ist, was dem Krebs aber gefallen wird, denn er braucht sich nur mitreißen und verwöhnen zu lassen.

Der Löwe liebt bestes Essen in den schönsten Restaurants mit kultiviertem Ambiente, womit er auch dem Krebs imponieren kann. Der Löwe wird die erkennbare Häuslichkeit und die wohl schmeckenden Kochkünste des Krebses schätzen, denn auch der Krebs ist ein geselliger Gastgeber, der gerne nach Hause einlädt. Der Löwe ist der Genießer schlechthin und schätzt den großen Auftritt in der Gesellschaft, er ist mehr dem Luxus zugetan als der Krebs.
Das Menü ist für den Löwen mir größter Raffinesse zuzubereiten: Schon die Vorspeisen sollten überaus dekorativ aussehen, denn der Löwe isst auch mit den Augen: Es können Lachs, Scampi, Austern und andere Meeresfrüchte sein. Als Hauptspeise sollte die Jungfrau von Hausmannskost absehen. Für den Löwen muss sie sich auch hier damit abfinden, dass das Beste gerade gut ge-

nug ist: ein Hummergericht, Langusten, Fischgerichte in Champagnersauce oder Fleischgerichte bester Qualität sind genau richtig. Der Löwe liebt die fein dekorierte französische Küche von Paul Bocuse oder außergewöhnliche italienische Spezialitäten. Einige Löwen sind durchaus auch Anhänger der vegetarischen Kost, die zwar nicht ganz in ihr Genuss-Schema passen, zu ihrem Gesundheitsbewusstsein aber schon. Sie mögen auch die asiatische Küche und arabische Fleischtöpfe mit Lamm. Als Nachspeise werden sie eine Eiskombination mit Früchten und Obers wählen. Bei den Mehlspeisen ist der Löwe zurückhaltend, er wird frischen, exotischen Früchten vor Süßspeisen den Vorzug geben.

Als Weinbegleitung sind für den Luxus gewohnten Löwen ausgewählte edle Weine auszusuchen, als Aperitif der beste Champagner. Ausführliche Rezepte für den Geschmack des Löwen finden Sie im Genussbuch LÖWE.

Bei der Auswahl der Speisen, aber auch der Reiseziele sind die Interessen von Löwe und Krebs eher gegensätzlich. Hier bedarf es der Überredungskunst, der gesamten Diplomatie des Löwen, den Krebs mit auf den Weg zu nehmen. Der Löwe wird dem Krebs-Partner Gesellschaft, Glanz und den gewissen Hauch des großen Lebens bieten. Der Krebs wird sich in seiner Obhut glücklich schätzen. Der Gehorsam und Beifall fordernde Löwe wird sich mit dem Krebs, dem es oft an Selbstwertgefühl fehlt, gut ergänzen. Was der Krebs auf keinen Fall darf:

dem Löwen das Feurige seines Sternzeichens löschen, dann würde sich der Löwe arg amputiert vorkommen.

Aber auch der Krebs geht gern aus, schätzt anspruchsvolle Lokale mit heimeligem Ambiente, hebt ein gutes Glas, wobei es für ihn nicht unbedingt der teuerste Wein sein muss. In der Geschmacksfrage sind die Unstimmigkeiten weniger groß als in der Preisfrage. Dem Löwen ist es egal, was der Abend kostet, er will genießen. Darum geht er oftmals in die angesagtesten Lokale und bewegt sich überhaupt mit Vorliebe vor Kameras in der Seitenblicke-Gesellschaft. Dies ist für den Löwen entschieden wichtiger als für den Krebs.

Löwe-Mann und Krebs-Frau können auf Dauer eine gute Beziehung zu einander haben. Sie bewundert das umsor gende Wesen des Löwen, er ist charmant und geizt nicht mit Lob und anerkennenden Worten. Ein Krebs hat im Allgemeinen kein Problem damit, den Löwen als Oberhaupt der Familie anzuerkennen, er lässt dem Löwen meistens den Vorrang. Der Löwe verschafft dem Krebs ein Gespür für Luxus und kann ihn vielleicht sogar aus seiner etwas antiquierten, altmodischen Welt herausholen.

Fahren Löwe und Krebs miteinander auf Urlaub, wird dem Krebs das ausgewählte Hotel mit dem Hauch der weiten Welt gut gefallen. Der Löwe-Mann sucht eine Frau, die sich ihm anpasst und unterordnet, weil er sich seine Machtposition nicht nehmen lassen will. Hier kann sich die Krebs-Frau sehr geschickt fügen. Das großmütige Herz des Löwen wird gerührt sein, wenn sich das anlehnungsbedürftige Krebslein in seinen Schutz begibt. Er wird ihm physisch und auch psychisch gut bekommen. Die Krebs-Frau wird es ihm danken.

Die Löwe-Frau wird es gleichfalls zu schätzen wissen, wenn ihr der fleißige, erfolgreiche Krebs die wirtschaftliche Basis für ihr anspruchsvolles Leben liefert. Auch die Löwe-Frau ist die perfekte Gastgeberin und Familienmutter. Der Krebs-Mann wird sich bei ihr bedanken können, dass sie gern mit ihm gemeinsam ein wohliges Heim gestaltet. Die Löwe-Frau braucht jedoch wesentlich mehr Anerkennung, Abwechslung, gesellschaftliche Höhepunkte, rote Teppiche, Kleider und Schmuck als die bescheidenere Krebs-Frau. Sie schätzt die luxuriöse Lebensart, die ihr der Krebs zu bieten hat.

Zu Auseinandersetzungen könnte es kommen, wenn die Löwe-Frau mit dem Geld des Krebs-Mannes allzu verschwenderisch umgeht. Das sollte der Krebs-Mann wissen, wenn er sich um eine Löwe-Dame bemüht. Der Hang der Löwe-Frau zum Luxus würde dem sparsamen Krebs nicht gefallen, eine Diskrepanz, die zu Konflikten führen könnte. Prinzipiell kann eine solche Beziehung nur gut gehen, wenn es dem Krebs gelingt, etwas großzügiger zu werden. Und der Löwe sollte die verlässliche wirtschaftliche Basis des Krebses schätzen und anerkennen lernen. Dann können beide zueinander finden.

Zu befürchten ist aber, dass sich der Löwe die einengende Sparmeisterlichkeit des Krebses eine Zeit lang gefallen lässt, dann aber eigene Wege geht. Kein Löwe lässt sich in den noch so gemütlichen vier Wänden einsperren. Ein Beispiel: Urlaub zu Hause, den der Krebs so liebt, geht dem repräsentierfreudigen Löwen gegen den Strich.

Der an sich freundliche, großzügige Löwe wird es vielleicht schaffen, den Krebs aus seiner etwas biederen Art zu locken. Bringt er sein Begehr mit Charme vor, dann frisst ihm so mancher Krebs aus der Hand. Mit Lob und Gefühl lässt sich der Krebs führen.

In der Kindererziehung gibt es ebenfalls kleine Auffassungsunterschiede. Beide Sternzeichen lieben ihre Kinder, Löwe-Frauen sind in der Regel nicht so übertrieben beschützend veranlagt, sie lassen ihre Kinder auch ziehen, gönnen ihnen ihre Erfahrungen. Die Krebs-Frau lässt nicht so leicht los, sie klammert und behütet ihre Familie wie eine Glucke.

In erotischen Dingen passen Löwe und Krebs gut zueinander, sie sind beide leidenschaftliche Charaktere. Nur mit dem Verschwiegenen, mit diesem Sich-Verschließen des Krebses kommt der gesellige Löwe schwer zurecht. Der Löwe diskutiert gerne, spricht offen alles an, was ihn bewegt, bricht von Zeit zu Zeit zwar schnell einen Streit vom Zaun, versöhnt sich aber bald wieder. Nachtragend ist der Löwe nicht.

Krebs & Schütze

Diese beiden Sternzeichen sehen die Welt aus zwei verschiedenen Blickwinkeln. Das kann für aufregende, spannende und lehrreiche Gespräche sorgen. Sie können so gegenseitig ihren Horizont erweitern. Der Schütze ist ein mitreißender Erzähler, er wird in einer geselligen Runde der Wortführer sein. Der Krebs aber wird aus der spontanen, forschen Rede des Schützen viel Verletzendes heraushören, das er zwangsläufig gleich auf sich bezieht. Besser vielleicht, die beiden gehen einander aus dem Weg. Denn die Widersprüche sind nicht zu übersehen: Der häusliche, Heimat verbundene Krebs einerseits und der stets vom Fernweh getriebene Schütze andererseits. Der Schütze hat den Wandertrieb, der Krebs verlässt nicht gern das Haus. Wie kann das funktionieren? Der Schütze ist feurig, spontan und auch egoistisch. Der Schütze kommt und geht, wie er will, er liebt die offene Tür und die lange Leine. Diese Ungezwungenheit kann der Krebs dem Schützen nicht bieten.

Der Schütze wirft mit Geld um sich, er hasardiert. Ihm kann man mit häuslicher Ruhe und Beständigkeit keine Freude bereiten. Schützen verfügen im Allgemeinen über ein aufbrausendes, rebellisches, feuriges Temperament, sie nehmen sich kein Blatt vor den Mund, kontrollieren ihre Rede nicht und sprechen gewöhnlich alles offen aus, wie es ihnen in den Sinn kommt. Der Schütze will ständig alles verändern. Da kann es vorkommen, dass der Krebs, der selten seine Behausung verändert, seine Möbel eines Tages völlig umgestaltet vorfindet. Der Schütze hat dies aus purer Lust an der Veränderung getan. Überhaupt passt der Schütze am besten in den stets reisefertigen Wohnwagen.

Hier kann es zu keinem harmonischen Zusammenleben kommen. Der Schütze hält das Statische des Krebses nicht gut aus. Am liebsten lebt der Schütze frei und ungebunden. Er will das Gefühl haben, in der nächsten Sekunde wieder gehen zu können. Dieses Gefühl der Unabhängigkeit und Freiheit wirkt auf den Krebs bedrohlich.

Die Schütze-Frau ist für den Krebs-Mann keineswegs die ideale Partnerin. Sie wird nur widerstrebend die Verantwortung für Heim und Herd übernehmen. Der kontrollierende Krebs-Mann wird die lufthungrige Schütze-Frau nicht halten können. Der Krebs aber, der geliebt und umsorgt sein möchte, sitzt allein daheim und schmollt. Möglicherweise wird er es sein, der in Karenz geht und die Familie als Hausmann versorgt. Die Schütze-Frau wiederum wird ständig versuchen, den Krebs-Mann auf Tanzpartys, zum Heurigen, ins Café zu schleppen. Geht er nicht mit, bleibt sie deshalb noch lang nicht zu Hause, sie vergnügt sich eben allein.

Eher kommen da schon Schütze-Mann und Krebs-Frau zurecht. Solange sie die Familie versorgt, und es ihr nichts ausmacht, dass er kommt und geht, wie es ihm passt, kann eine Beziehung funktionieren. Hier handelt es sich um ein Rollenverständnis, das über Jahrhunderte so praktiziert wurde.

Der Schütze will sich nicht einengen lassen, aber er gesteht auch dem anderen seinen Freiraum zu. Der Krebs aber kann damit nichts anfangen, er fühlt sich verlassen, die Geborgenheit fehlt ihm. Der Schütze kann auch mit dem Ordnungssinn des Krebses wenig anfangen. Das Geschirr von der Oma, dem Krebs lieb und teuer, ist dem Schützen ein Gräuel. Er will seine Wohnung nicht mit altem Krempel vollstopfen, er will sie luftig und mit viel Freiraum. Der Schütze erwartet ein Leben voll Action und Spannung, wozu der Krebs nicht veranlagt ist.

Das Einzige, was häuslich am Schützen ist: Er wird sich lustvoll um Grillfeuer und Getränke kümmern, und dabei wird ihm der redliche Krebs auch gekonnt assistieren.
Wie passen sie beim kulinarischen Genuss zusammen? Schützen sind oftmals Vegetarier, ihre Liebe zur Natur überträgt sich auch auf ihren Geschmack: Sie sind Jünger der Bioküche, wenn Fleisch, dann Lammfleisch, am liebsten ein Steak, es kann durchaus alternativ zubereitet sein. Er liebt auch asiatische und exotische Kost, die er von seinen vielen Reisen kennt. Ausführliche Rezepte für den Schützen finden Sie im Genussband SCHÜTZE.

Anders als der Krebs besteht der Schütze nicht auf regelmäßige Mahlzeiten, auch nicht auf die stets vollständig um den Tisch versammelte Familie. Für den Schützen kann es auch Fastfood und Fertiggericht sein, denn Essen ist für ihn nur ein notwendiges Kräftetanken, meist muss es schnell gehen.

Die unterschiedlichen Lebensmodelle von Krebs und Schütze können zu ständigem Streit Anlass geben, solang bis der ungeduldige Schütze das Handtuch wirft oder der Krebs sich unverstanden zurückzieht. Je nachdem, wer früher aufgibt.

Wie der Krebs die Erdzeichen Stier, Jungfrau und Steinbock einkocht

Krebs & Stier

Diese beiden bewegen sich punkto Gemütlichkeit, Häuslichkeit und Geschmacksvorlieben auf einer Ebene: Beide verwöhnen gern ihren Gaumen, beide schätzen Gemütlichkeit, beide sind sinnliche, erotische Sternzeichen.

Für den Krebs bietet der Stier die ersehnte starke Schulter. Der vorsichtige Krebs sucht genau diese verlässliche Standhaftigkeit. Sobald es ihnen möglich ist, werden sie sich ein repräsentables Haus bauen, die eigenen vier Wände für die wachsende Familie sind beiden enorm wichtig. Sie ziehen generell in allen wirtschaftlichen und planerischen Unternehmungen am selben Strang, auch in der Kindererziehung, die mit hoher Wahrscheinlichkeit traditionsbetont ausgerichtet ist.

Für beide ist der schön gedeckte Tisch ein grundlegender Bestandteil gesellschaftlichen Beisammenseins, bei dem beide gern ein Gläschen oder auch mehrere leeren. Lädt der Stier den Krebs zu sich, ist davon auszugehen, dass dies für beide ein schöner Abend wird.

Ein Krebs ist besonders leicht einzukochen: Im trauten Heim, Glück zu zweien, abends auf der Couch, wenn die Kinder schon im Bett sind, genießt er mit der Partnerin einen gemütlichen Abend – für alles Weiterführende wird die Stier-Frau die Initiative ergreifen müssen, jedoch mit garantiertem Erfolg, denn der männliche Krebs springt unverzüglich an und ist dankbar für alles, was sie ihm zu bieten vermag.

Die Verbindung Stier-Frau und Krebs-Mann steht auf einer sehr realistischen bodenständigen Basis: Viel Familiensinn, wirtschaftliche Vernunft, Stabilität und Sicherheit. Dem Krebs kann dieses gemütliche Zuhause mit einer Stier-Frau gut gelingen.

Stier und Krebs sind beide äußerst scheidungsunwillige Sternzeichen. Selbst wenn es doch passiert, kehren sie immer wieder gern zum alten Partner zurück, so die Tür beim anderen noch offen ist. In Freundschaft bleiben sie einander aber häufig verbunden.

Da sie beide gern essen, wird man ihnen dies im fortgeschrittenen Alter auch ansehen. Aber die Rundungen werden keinen von beiden stören. Im Gegenteil, wenn da eine Rubensfigur neben ihm heranwächst, wird dies dem Stier-Mann nur noch mehr gefallen, denn er zieht sinnliche, vollbusige Frauen vor.

Wie kocht der Krebs den Stier am besten ein, wo doch der Stier die deftige Kost besser verträgt als der Krebs? Als Vorspeise kann es für den Stier eine cremige Suppe oder die leckere Haussulz sein. Als Hauptspeise liebt der

Stier die dicken Saucen und fetten Braten, Rindsbraten, Rehrücken, aber auch Schweinshaxe, Wild mit Semmelknödeln. Auch für eine würzige, provenzalische Bouillabaisse wird er sich begeistern können. Bei den Mehlspeisen ist der Stier wenig zurückhaltend, darin stimmt er mit den süßen Vorlieben des Krebses überein: Torten mit Schlagobers, Kaiserschmarrn, Palatschinken, Topfenknödel sind nach beider Geschmack. Ausführliche Rezepte für den Stier finden Sie im Genussband STIER.

Sollte das Krebs-Stier-Gespann ein gemeinsames Restaurant besitzen, dürfte der Erfolg nicht ausbleiben. Sie sind blendende Gastgeber, sehr um ihre Gäste bemüht. In ihrer Redlichkeit stört es sie aber auch, wenn jemand nicht aufgegessen hat. Allerdings mit unterschiedlichen Folgen: Isst ein Gast seinen Teller nicht leer, würde der Krebs dies als Kritik an seinen Kochkünsten interpretieren. Stiere würden dies gelassener und realistischer sehen, nämlich dass die Geschmäcker eben verschieden sind. Auch daran erkennt man, dass die beiden ein gutes Gespann sind, weil der Stier mit seinem gesunden Realitätssinn nicht alles so schwer nimmt und damit auch dem Krebs aus seiner selbstmitleidigen Art wieder heraushelfen kann.

Denn der Krebs braucht unbedingt einen Partner, der sich mit ihm ausspricht, ein positives Gegenüber, das ihm zeigt, dass es die böse Welt nicht immer nur auf sein empfindsames Gemüt abgesehen hat.

Krebs & Jungfrau

Die beiden sind zwei ernsthafte Sternzeichen, bei welchen die Vernunft regiert. Spuren von Romantik finden sich eher noch beim Krebs. Die Jungfrau ist rational, analytisch, kühl. Beide sind zurückhaltende Wesen, beide prüfen lange, ehe sie sich ernsthaft binden. Bevor sie eine Entscheidung treffen, analysieren sie die Grundlagen genau. Jeder schaut aufs Geld, keiner lässt sich leichtfertig von seinen Plänen abbringen. Spontane Entschlüsse kommen bei ihnen selten vor. Beide sind ausgeprägte Familienmenschen und verfolgen in allem langsam, aber sicher ihre Ziele.

Finden sie zusammen, können sie gemeinsam wirtschaftlich Großes leisten. Sie legen beide Wert auf einen gediegenen Wohnsitz, der nicht übertrieben luxuriös ausgestattet sein muss. Ob gemütliche Wohnung oder Haus, beides wird genauestens geplant und penibel eingerichtet. Der fleißig schaffende Krebs bietet der Jungfrau die wirtschaftliche Sicherheit, die Jungfrau ihrerseits ist vertrauenswürdig, man kann mit ihr etwas aufbauen. Sie kann dem Krebs die ersehnte Geborgenheit bieten, sie hat Verantwortungsgefühl. Sie ist von einem kontrollierenden Ordnungstrieb geleitet und sehr nüchtern, all das aber mit Stil.

Jungfrauen sind bisweilen konservativ – ein weiterer Grund, warum sie mit dem Krebs gut harmonieren. Sie sind keine Romantiker, ihnen ist ein geregeltes, beständiges Heim lieber als ein kurzer Augenblick des Vergnügens und sie überlassen nichts dem Zufall.

Krebs und Jungfrau schätzen Besitz und Kinder. Dass aus den Kindern etwas Ordentliches wird, hat oberste Priorität. Sobald die Familie abends nach Hause kommt, wird das gemeinsame Abendessen zelebriert. Hierin sind sich Jungfrau und Krebs einig. Sie wirken beide zwar etwas spröde, weil sie vorwiegend auf Beständigkeit bedacht sind. Höhenflüge und Gefühlsanwandlungen wie auf der Hochschaubahn brauchen sie nicht.

Ihre vier Wände sind mit viel Stil eingerichtet, beide legen Wert auf Qualität, die lange Lebensdauer garantiert, schon allein deshalb weil nicht alle paar Jahre Neues angeschafft werden soll. Sie bevorzugen den eher klassischen Stil, auch dies in der Absicht, dass man sich nicht so schnell daran satt sehen soll, wobei Antiquitäten mit so manchem Zeitgenössischem kombiniert wird. Modische Trends und Zeitgeist interessieren beide kaum.

Der kulinarische Geschmack der Jungfrau geht in Richtung Hausmannskost. Höhere Ansprüche stellt sie an die Nahrungsaufnahme nicht. Die Jungfrau schätzt Qualität ganz allgemein, weshalb sie große Sorgfalt bei der Auswahl der Grundprodukte sowohl beim Einkauf als auch bei der Zubereitung richten wird.

Ihre Favoriten: Naturbelassene Gemüsesuppe, Gerichte aus der leichten französischen Küche, denn zu üppig und fett darf es für die Jungfrau nicht sein. Weiters: leichte Fischgerichte, mageres Fleisch, Gemüseaufläufe, mild gewürzte italienische Pastagerichte. Ausführliche Rezepte für die Jungfrau finden Sie im Genussbuch JUNGFRAU.

Nicht nur der Krebs, auch die Jungfrau ist im Magen-Darmbereich empfindlich, weshalb sie auf besonders gesunde Kost Wert legt. Die Jungfrau hat sich mit ihrem großen Wissen über richtige und wertvolle Ernährung schon längst auf Bio-Produkte umgestellt.

Sowohl Krebs als auch Jungfrau gehen gern aus. Dabei suchen sie ein angesehenes Lokal mit bewährter frischer Küche auf. Es muss kein In-Lokal sein und die Preise sollen sich im überschaubaren finanziellen Rahmen bewegen.

Ganz generell sucht sich die Jungfrau ihre Partner nach Status, Stabilität, finanzieller Sicherheit und Prestige der Position aus. Diese Voraussetzungen erfüllt der wirtschaftlich erfolgreiche Krebs-Mann durchaus.

Krebs und Jungfrau sind verlässliche, brave Bürger, ihr Leben verläuft in vorgefertigten Bahnen, alles ist auf lange Zeit voraus berechnet. Mit großer Wahrscheinlichkeit wird alles ohne größere Katastrophen nach Plan laufen.

Krebs & Steinbock

Der Krebs verträgt sich mit dem Erdzeichen Steinbock recht gut. Beide sind bodenständig, aufrecht und legen Wert auf Sicherheit und Gediegenheit. Dem Steinbock fehlt das emotional Überschwängliche, er ist kein Träumer und Luftschloss-Bewohner, dafür kann man auf seine gut geerdete Verlässlichkeit bauen.

Der Steinbock ist ein ebenso nüchterner Rechner wie die Jungfrau und vielleicht noch anspruchsloser in seinem Lebensstil und seinen Wünschen. Geht es um Geschäftliches, können Krebs und Steinbock sehr gute Partner sein. Beide sind immens fleißig, sie ziehen am selben Strang, und ihre Ziele sind so gesteckt, dass sie diese realistischerweise auch erreichen können. Sie sind ein verlässliches Gespann. Haben sie geerbt, werden sie Hab und Gut mit Sicherheit unversehrt und eher noch erweitert an die Erben weitergeben.

Ob diese Übereinstimmung im wirtschaftlichen Vorgehen auch für das Privatleben reicht? Wo bleiben die Gefühle, in die doch der Krebs so verstrickt ist? Hier könnte der Krebs vereinsamen. Die Nüchternheit des Steinbocks könnte für den Krebs zum Problem werden, denn der Steinbock vermeint, seine Liebe komme in seiner Verlässlichkeit genügend zum Ausdruck. Der Steinbock ist auch nicht unbedingt der rührige, einfallsreiche Gesellschaftsmensch. Bei ihm zu Hause geht es ein wenig still zu.

Was der Steinbock dem Krebs bieten kann, ist die Rückzugsmöglichkeit in einem schönen Heim. Der Steinbock kann für den Krebs ein Fels in der Brandung sein, wenn dieser sich in Probleme verstrickt sieht. Doch der Steinbock ist ein nüchternes Arbeitstier, was oft dazu führt, dass er zu wenig Zeit für die Familie erübrigt. Beide Sternzeichen denken an Vorsorge, sie verfügen stets über einen gewissen Notgroschen für den Ernstfall.

Wenn sich die beiden in Liebe finden, kann daraus eine immerwährende Lebensverbindung entstehen. Im besten Fall können sich ihrer beiden Schwächen und Stärken ausgleichen: Der Steinbock, der seine Gefühle an die kurze Leine legt, und der Krebs, der in Gefühlen, Launen und Stimmungen schwelgt.

Im fortgeschrittenen Alter können sowohl der Steinbock wie auch der Krebs Probleme mit ihrem Bewegungsapparat bekommen, deshalb sollten sie beide dies schon in jüngeren Jahren auch ernährungstechnisch bedenken. Sie sollten also vom Genuss von Rindfleisch und anderen harnsäurehältigen Produkten absehen. Eine ausgewogene, Kalorien bewusste Küche ist ihnen anzuraten: viel Gemüse und helles Fleisch sind genau das Richtige.

Der Steinbock sollte nie vergessen, regelmäßig Wasser zu sich zu nehmen. Wegen seines hohen Flüssigkeitsbedarfs hat er Suppen sehr gern: Saisonsuppen,

Bouillabaisse, auch cremige, starke Suppen. Seine Hauptspeise wird er aus der bodenständigen Hausmannskost wählen, etwa einen saftigen Tafelspitz, die leckere Rindsroulade, das fein abgestimmte Geschnetzelte. Oder auch etwas Außergewöhnliches aus der französischen Küche. Es muss für ihn mit Liebe gekocht und gewürzt sein. Fett mag er nicht unbedingt, er bevorzugt einen mageren Schweinsbraten. Nachspeisen liebt er auch, aber nicht unbedingt die cremigen, fetten Torten. Eher eine Crème brûlée oder eine mit Früchten verzierte Creme-Schale, ein Tiramisu, Früchte mit Eis oder mit Alkohol flambiert. Auch ein Käseteller wird ihm als Nachspeise munden. Zur edlen Mahlzeit trinkt er ein gutes Glas Wein, aber alles mit Maß und Ziel. Harte Getränke haben es ihm nicht angetan, am ehesten lässt er sich noch einen extravaganten Cocktail mixen. Ausführliche Rezepte für den Steinbock finden Sie im Genussbuch STEINBOCK.

Besonders traditionelle Feiertage und Familienfeste werden von Krebs und Steinbock gern kultiviert gefeiert. Sie essen auch gern in ihrem Stammlokal mit gehobener bürgerlicher Küche. Aber auch auf den Holzbänken beim rustikalen Heurigen fühlen sie sich wohl.

Die Steinbock-Frau kocht gern, ist eine Rezepte-Sammlerin und talentiert beim Nachkochen fantasievoller Rezepte. Sie kann spontan etwas auf den Tisch zaubern, kann gut improvisieren, sie schaut darauf, dass immer genügend Vorräte im Haus sind. Sie plant auch hier gern für den Fall vor, dass sie einmal nicht rechtzeitig den Einkauf erledigen kann. Ihre Küche ist gesund, geschmackvoll, und sie würzt gern.

Was Krebs und Steinbock vielleicht mit der Zeit zu schaffen machen wird: Beide neigen zu melancholischen Gemütsverstimmungen. Hier besteht die Gefahr, dass sie sich gegenseitig stimmungsmäßig eher hinunterziehen. In diesem Fall wäre dann vorübergehender Abstand ratsam, damit jeder wieder in seinen Normalzustand zurückfindet, der Krebs aus seiner verschlossenen Schale und der Steinbock aus seiner einsilbigen Wortkargheit.

Von Vorteil ist, dass sich der Steinbock nie aus einer unüberlegten Gemütsregung von seinem einmal eingeschlagenen Weg abbringen lässt. Für ihn stehen Vernunft und das einmal gesetzte Ziel immer im Vordergrund.

Einer Beziehung zwischen Steinbock und Krebs fehlt möglicherweise das Feuer, es wird eine eher vernunftbestimmte Partnerschaft sein, aber sicher eine von langer Haltbarkeit.

Wie der Krebs die Luftzeichen Zwillinge, Waage und Wassermann einkocht

Krebs & Zwillinge

Auch diese zwei äußerst konträren Sternzeichen können sich verstehen – freilich unter Vorbehalt. Denn die Zwillinge bringen Heiterkeit und Bewegung ins Leben des zur Stubenhockerei neigenden Krebses. Umgekehrt kann der Krebs der Ruhepol für die getriebenen, unruhigen Zwillinge sein. Dieser Interessenausgleich könnte möglicherweise seinen Reiz haben. Das Problem aber bleibt, dass der sesshafte Krebs den unstillbaren Reise- und Wandertrieb der Zwillinge auf Dauer nur schwer nachvollziehen und noch weniger ertragen kann.

Mag sein, dass diese Partnerschaft eine Weile gut funktioniert, vielleicht solange ein Haus gebaut wird, die Kinder noch klein sind und für viel Abwechslung sorgen. Aber auf Dauer werden die Zwillinge sich möglicherweise eingeengt fühlen.

Die Zwillinge kann man nur schwer tagaus, tagein am Familientisch halten, sie werden die Regelmäßigkeit, die für den Krebs so wertvoll ist, in jedem Fall mit Abwechslungsreicherem tauschen wollen.

Zwillinge suchen stets das Neue und lassen sich gern überraschen. Sie sind die angenehmen, unterhaltsamen Begleiter auf einem kurzen Stück des Weges, dauernd fesseln lassen sie sich nicht. Im Gegensatz dazu will der Krebs alles, was ihm lieb ist, stets um sich haben, besitzen und kontrollieren. Doch auf freundschaftlicher Ebene kann der Krebs von der geistreichen Spontaneität der Zwillinge profitieren, ja sogar Gefallen daran finden, dass dieses Sternzeichen das Spontane und Unvorhersehbare in sich trägt.

Die Zwillinge werden zu keinem Essen pünktlich erscheinen, keine Termine einhalten, die Regeln, die der Krebs aufstellt, immer wieder umgehen. Andererseits sind Zwillinge ziemlich anspruchslos. Kommen sie zu spät zum Essen, na und? Sie stellen sich selbst an den Herd und bereiten sich was Feines zu, denn sie erwarten vom anderen gar nicht, ständig für sie da zu sein, denn das wäre schon wieder Verpflichtung für sie.

Will der Krebs die Zwillinge verwöhnen, dann ist zu bedenken, dass seine große Liebe zu Abwechslung und Neuem auch auf sein kulinarisches Bedürfnis zutrifft: Es muss nicht immer Fleisch sein – sie lieben viel frisches Obst, Gemüse, naturbelassene Salate. Viele Zwillinge sind Vegetarier.

Sie finden großen Gefallen an der asiatischen Küche, lieben Reisgerichte, Meeresfrüchte, überhaupt die leichte und schnelle Kost: Nudelgerichte, Fische, Scampi. Zwillinge freuen sich über ein ungezwungenes Picknick. Daheim Gekochtes, wie etwa ein kalter Schweinsbraten, wird im

Korb und in der Kühltasche mitgenommen. Lieber aber als fettes Fleisch haben sie im Picknickkorb Käse, rohes Gemüse, Obst, Aufstriche von Topfen, Liptauer, Leberwurst, geschnittene Gemüsestangen. Ausführliche Rezepte für die Zwillinge finden Sie im Genussbuch ZWILLINGE.

Was aber, wenn nun der Zwillinge-Mann bereits eine Krebs-Frau zur Partnerin hat? Dann sollte er ihr wenigstens das Hauptziel ihrer Wünsche erfüllen und ihr eine verlässliche wirtschaftliche Absicherung bieten. Nur dann wird sie die Toleranz für seine Eskapaden aufbringen und immer wieder ein Auge zudrücken. Wenn Zwillinge die Annehmlichkeiten der wirtschaftlich vernünftigen Krebs-Frau weiter genießen möchten, werden sie einiges unterlassen, was die Beziehung gefährden könnte: Sie werden bei ihren Unternehmungen etwas diskreter flirten und von ihren Abenteuerreisen vielleicht etwas eher nach Hause zurückkehren. Vielleicht werden sie die Beständigkeit der Krebs-Frau schätzen lernen. Aber auch das ist nicht gewiss, die Zwillinge sind ein scheidungsfreudiges Sternzeichen.

Die Realität könnte so aussehen: Bekommt der Krebs langfristig die Wärme, Anerkennung und Vertrautheit nicht, die er benötigt, wird er zu Depressionen neigen. Von einer Zweisamkeit können nur die Zwillinge profitieren, für den sentimentalen Krebs bietet sie zu wenig.

Krebs & Waage

Die in diesen beiden Sternzeichen Geborenen sind zwar sehr gefühlvolle, manchmal sogar recht sentimentale Naturen zuzuschreiben, doch beider Gefühlswelten sind doch recht unterschiedlich strukturiert. Der Krebs ist ein introvertiertes Wesen, das sich als Einsiedler gern in die innere Emigration zurückzieht. Die Waage hingegen lebt völlig extravertiert.

Die enormen Schwankungen im Gemütsleben des Krebses könnten sich für die auch nicht gerade stabile Waage ungünstig auswirken. Krebs und Waage sind keine glückliche Kombination. Die Waage zeigt sich gern in Gesellschaft, der Krebs hockt lieber in grüblerischem Wankelmut daheim. Hier die Waage, die sich keiner Diskussion stellt, die auf und davon ist, sobald Konflikte am Horizont auftauchen. Dort der Krebs, der sich ebenso häufig in die Schale zurückzieht und schweigt. Wann kommen die beiden dazu, miteinander zu leben? Wann diskutieren sie miteinander? In dieser Beziehung wird häufig geladene Funkstille herrschen. Auch kommt der empfindliche, stets eifersüchtige Krebs mit der Fröhlichkeit der gerne flirtenden Waage nur mühsam zurecht.

In der Beziehung der Waage zum Krebs werden weder Frohsinn und Heiterkeit noch Lust auf Abenteuer und Überraschungen vorherrschen. Wobei die lustigere, animierende die Waage ist, die den Krebs auch ab und an aus seiner Schwermut locken kann. Kritik vertragen beide schlecht. Wird die Waage mit Kritik konfrontiert, führt das bei ihr zur Flucht. Zu einer Diskussion darüber wird die Waage nicht gewillt und auch nicht in der Lage sein.

Waagen sind im Allgemeinen schöngeistige Menschen mit einer künstlerischen Ader. Diese auszuleben darf man ihr nicht nehmen. Sie lieben Musik, gehen häufig ins Theater, beherrschen oft auch selbst ein Instrument. Sie fühlen sich in Restaurants wohl, in denen ein Klavierspieler für angenehme akustische Atmosphäre sorgt. Diesen Lebensstil der Waage sollte der Krebs auf keinen Fall zu ändern versuchen. Gelingt es ihm, die Freiräume des Waage-Partners unangetastet zu lassen, können sie einen Konsens finden. Die Waage würde es nicht aushalten, zu Hause festgehalten zu werden – und sei es ein wunderschönes Schloss. Sie wird es zu schätzen wissen, dass der Krebs sie respektiert, aber sie braucht noch mehr zu ihrem Glück. Irgendeiner kommt hier immer zu kurz und steht auf verlorenem Posten.

Die Waage ist charmant, redefreudig, witzig, unterhaltsam und alles andere als eigenbrötlerisch wie der Krebs. Auf lange Zeit gesehen sind Waage und Krebs kein ideales Paar. Will der Krebs die Waage glücklich machen, dann sollte er Druck, Stress und Streitigkeiten vermeiden. Die Waage braucht Ausgewogenheit und Harmonie.

Der Krebs kann das Offene, Heitere, Spontane der Waage nur schwer nachvollziehen, er ist in seinen alten

Mustern gefangen. Allzu viel von dessen Rückwärtsgewandtheit kann den zukunftsorientierten Waagen die Lebensfreude nehmen.

Aus Sicht der Gastronomie liegen Krebs und Waage nicht so weit auseinander wie in den anderen Lebensbereichen. Die Waage ist eine ausgesprochene Genießerin und versteht es, selbst den kleinsten Akt der Nahrungsaufnahme zu einem Gaumenepos verfeinerter Tischkultur zu stilisieren. Der Krebs täte also gut daran, die Waage kulinarisch in einer Atmosphäre zu verwöhnen, die auch dem Herzen und dem Auge Genüsse offeriert – wie beispielsweise Kerzenschein und romantische Musik.

Die Waage wird schon mal auf Vor- und Hauptspeise verzichten, um nur ja noch ausreichend Platz für die Nachspeise zu haben. Zu Beginn der Mahlzeit könnte sie ein Glas Bellini oder Champagner erfreuen. Danach wird sie mit Sicherheit ein Gericht der etwas anspruchsvolleren, feineren Küche wählen. Sie liebt französische und italienische Küche, nicht so sehr Gegrilltes und andere deftige Fleischgerichte. Es muss für sie nicht immer Kaviar sein. Sie gibt sich auch mit schmackhaften, überbackenen Schinkenfleckerln zufrieden. Aber Mehlspeisen und süße Desserts sind für sie ein Muss: alle Arten von Kuchen und cremigen Torten mit Schlagobers. Neben Champagner liebt sie süße Cocktails, aber auch ein gutes Glas Wein. Ausführliche Rezepte für die Waage finden Sie im Genussbuch WAAGE.

Gehen die beiden aus, wird es lange dauern, bis sich die Waage bei der Auswahl der Speisen entschieden hat. Sie wägt ab, überlegt, verwirft und kommt dann doch auf die erste Wahl zurück. Exzellente Beraterin ist die Waage nur bei der Nachspeise, die sie mit Sicherheit nicht auslässt, schon zur Beruhigung ihres Stresspegels.

Krebs & Wassermann

Unter keinem günstigen Stern steht auch die Verbindung von Krebs und Wassermann. Zu unterschiedlich sind diese beiden Sternzeichen in ihren Gefühlsreaktionen, wenn sich auch beide in Vorstellungskraft und Fantasie ebenbürtig sind. Der Krebs neigt zur Introvertiertheit, während der Wassermann den offenen Lebensraum sucht. In „achtzig Tagen um die Welt" könnte das Motto des Wassermanns sein. Hier steht nur dann eine erfreuliche Verbindung ins Haus, wenn es der Krebs versteht, seinen Weltreisenden mit viel Fantasie an den heimischen Herd zu binden. Zumindest für kurze Zeit. Denn dem Wassermann wird es eine Zeit lang gefallen, vom Krebs umsorgt und umhegt zu werden. Will man den Wassermann aber loswerden, so klage man ihn an und ziehe ihn zur Rechenschaft. Er wird sich kurz verabschieden, um Zigaretten zu holen, und nie mehr zurückkehren. Der Wassermann ist Nachtschwärmer, ist immer auf der Suche nach Neuem, besser er bleibt überhaupt Junggeselle.

Wassermänner sind Fantasten, Erfinder, Märchenerzähler. Was heute gesagt wird, gilt morgen nicht mehr. Diesen Luftsprüngen kann ein Krebs nicht folgen, auch wenn er sich noch so bemüht.

Der Wassermann kündigt nicht großartig an, wann er heimkommt oder wann er aufzubrechen gedenkt. Auch dann nicht, wenn es ausgemacht war, dass der Partner auf ihn wartet. Er wird nicht einmal anrufen, dass er nicht kommt und kann sich nur sehr kurzfristig dem geregelten Zeitplan eines Krebs-Partners fügen und anpassen. Kommt er nachts heim, holt er sich etwas aus dem Eisschrank. Am wenigsten wird er es schätzen, wenn der kontrollierende Krebs ihm dann Vorwürfe macht.

Ihre Essgewohnheiten sind konträr, das tägliche Abendessen mit der Familie, auf das der Krebs großen Wert legt, hält der Wassermann kaum aus. Er wird es vorziehen, in ein Lokal zu gehen. Es sei denn, es gibt etwas ganz nach seinem Geschmack: Wassermänner werden sich weniger an die üppigen, fetten Braten halten, sondern lieber an leichtes, naturbelassenes Gemüse, Meeresfrüchte, toll zubereitete Fischrezepte. Sie wollen vielfältige Gerichte auf dem Tisch, nicht nur eine Auswahl. Auf einer Pizza sollte jedes Viertel anderes belegt sein. Auch zu Spaghetti sollte es mindestens vier Sorten Sugo geben. Exotische, fremdländische Küche zieht sie an, von mexikanisch bis äthiopisch, aber auch ungarisches Gulasch oder Pörkölt sind nach ihrem Geschmack. Wassermänner sind Naschkatzen, ihr Nervensystem fährt immer auf Hochtouren, sie brauchen Süßes zur Beruhigung. Darin werden sie mit den gleichfalls naschsüchtigen Krebsen bestens übereinstimmen.

Zu einem Gläschen Sekt oder Champagner sagen sie nicht nein. Aber ihr Alkoholkonsum ufert nie aus, sie haben sich unter Kontrolle. Der Wassermann muss sich nicht antrinken, um lustig zu sein. Ausführliche Rezepte für den Wassermann finden Sie in unserem Genussbuch WASSERMANN.

Der Konflikt wird sich allerdings beim Wirtschaftsgeld fortsetzen. Der Krebs will alles Ersparte verwenden, um ein Häuschen zu bauen, in das er sich zurückziehen kann. Der Wassermann aber ist unvorstellbar beim Rasenmähen und auf der Fernsehcouch. Diese Bürgerlichkeit versetzt ihm den Todesstoß. Auch die Wassermann-Frau lebt gern allein, unkonventionell, gerade wie sie will. Sie lebt im Jetzt und in der Zukunft, auf keinen Fall in der Vergangenheit wie der Krebs.

Nein, die Verbindung Wassermann-Krebs kann aus astrologischer Sicht kaum gut gehen. Sollte der Wassermann aus irgendeinem Grund am Krebs hängen bleiben, geht er ein wie eine welkende Pflanze.

Wie der Krebs die Wasserzeichen Krebs, Skorpion und Fische einkocht

Krebs & Krebs

Hier herrscht Einklang. Beide sind konservative, vernunftgesteuerte Menschen, sie lieben ihr Heim, beide wollen und können nicht wirklich allein sein, beide sind keine Single-Typen. Zu Unstimmigkeiten kann es vielleicht nur bei der Frage kommen, ob das neu verbundene Paar in sein oder in ihr Elternhaus einzieht. Beide kehren gern zu ihren Wurzeln zurück, keiner will von seinem Geburtshaus weg, denn beide bleiben der Heimat eng verbunden. Ihre Vorstellungen, ihr Leben wirtschaftlich harmonisch zu gestalten, verlaufen parallel. Schon in jungen Jahren sorgen sie für einen wirtschaftlich gesicherten Lebensabend vor.

Freilich hängt der individuelle Charakter eines Menschen, wie mehrfach betont, auch hier vom Aszendenten (und vielen anderen Faktoren, wie Milieu, Erziehung, Vorbilder, Schule etc.) ab, wodurch die Gefühlswelt vollständig anders gepolt sein kann, aber diese Gemeinsamkeiten der Lebensvorstellungen sind dennoch nicht zu übersehen. Denn wie wäre es sonst zu erklären, dass großes Verständnis für den jeweils anderen Krebs da ist, sobald er sich zurückziehen will? Dies kann nur der verstehen, der dies letztlich genauso will. Beide brauchen viel Herzlichkeit, Wärme und Geborgenheit.

Krebse leben nicht nur gern in trauter Zweisamkeit, sie ziehen dabei auch die traditionelle Rollenverteilung vor. Der Krebs-Mann ist der fleißige und tüchtige Geldverdiener, er ist wirtschaftlich stark, ein guter Rechner und eiserner Sparmeister. Die meisten Krebs-Männer wollen, dass jemand da ist, wenn sie nach Hause kommen. Sie mögen es gar nicht, wenn der Partner dann noch draußen herumschwirrt, sei es beruflich oder privat. Aber die Krebs-Frau bleibt in der Regel ohnehin gern daheim. Die Beziehung Krebs-Krebs wird eine ohne Höhen und Tiefen sein, sehr von Vernunft geleitet.

Dem Krebs bereitet es Vergnügen, gemeinsam mit seinem Partner und den Kindern zu essen. Auch die Krebs-Frau schätzt das Alleinsein nicht, wenn etwa ihr Partner mit Freunden unterwegs ist. Sie selbst setzt dem Familienzusammenhalt zuliebe ihrer persönlichen Freiheit oft Grenzen.

Krebse fahren stets gemeinsam auf Urlaub, sie bevorzugen ohnehin die gleichen Urlaubsziele und gestalten auch ihre Freizeit miteinander. Sie lieben auch die Geselligkeit, sind gern mit Freunden beisammen und erweisen sich dabei als durchaus großzügig. Sie laden gern ein, kochen gern, umsorgen gern andere.

Auch in der Küche werden zwei Menschen, die im Zeichen des Krebses geboren wurden, gut harmonieren: Ihr Gusto ist der gleiche. Einzig darüber könnte es Auseinandersetzungen geben: Wer übernimmt die Küche? Denn auch viele Krebs-Männer kochen gerne und gut.

Auch Kekse backen mit den Kindern hat in ihrem Jahresrhythmus einen Fixplatz. Der Krebs hält immer noch gern, wenn es ihm zeitlich möglich ist, eine richtige Jausenzeit ein, mit Kaffee und Mehlspeisen.

Krebs & Skorpion

Diese Beziehung ist eine Herausforderung, denn der Skorpion will die Führung übernehmen, und der Krebs sollte sich hüten, nicht zu sehr vom Stachel des Skorpions gestochen zu werden. Es kann der Skorpion für den Krebs zu dominant, zu Besitz ergreifend werden. Das mag anfangs spannend sein, mit der Zeit aber wird der Krebs sich der totalen Kontrolle durch den Skorpion entziehen wollen.

Darüber hinaus haben Skorpione ihre Phasen, in denen sie sich vollständig abgrenzen und zurückziehen müssen. Sie machen zu und werden schweigsam, keiner kommt an sie heran. Krebse aber sind mitteilungsbedürftig, sie brauchen den verbalen Austausch über ihr seelisches Befinden. Krebse tun sich schwer, wenn der Skorpion sich verschließt und seine Gefühle mit sich selbst ausmacht.

Wirtschaftlich sind beide tüchtige Erfolgsmenschen, dennoch generell sehr unterschiedlich: Der Skorpion ist Abenteurer, der Krebs heimat- und traditionsbezogen. Der Skorpion braucht Sonne, Licht, Luft, der Krebs zieht sich gern ins Dunkle zurück. Der Skorpion liebt das moderne, kühle, nordische Design. Der Krebs umgibt sich gern mit Plüsch und altem Trödel aus Omas Erbe.

Skorpion und Krebs sind auch in Gusto und Geschmack verschieden. Der Krebs bevorzugt die magenschonende mediterrane Küche, der Skorpion liebt es schärfer, denn er liebt exotische Gewürze über alles, es kann für ihn nicht scharf genug sein. Eigentlich probiert er gern alles aus, je extravaganter, desto besser. Die durchschnittliche Kost ist ihm zu mittelmäßig. Stark duftende Speisen sprechen seine Sinnlichkeit an und fördern sie noch! Er liebt japanische, indische Spezialitäten, eben wegen der Würze. Danach will er unbedingt etwas Süßes als Nachspeise.

Seine Lieblingsgetränke sind Wodka und Tequila, aber auch in Wein- und Schnapsgläser schaut der Skorpion ganz gern tief und tiefer. Ausführliche Rezepte für den Skorpion finden Sie im Genussbuch SKORPION.

Skorpion-Frauen kochen meist gut. Den übrigen Haushalt überlassen sie lieber anderen. Sie gehen gern aus, trinken gern ein Gläschen, manchmal auch eines zu viel. Die Skorpion-Frau ist auf keinen Fall die Dienende. In der Beziehung mit einem Krebs-Mann übernimmt sie die Führung und lässt sich nicht auf Kindererziehung und Küche festlegen

Skorpion-Frauen wollen ausgehen, wollen bewundert werden, womit der Krebs-Mann möglicherweise ein Problem bekommt. Erstens weil Krebse lieber zu Hause bleiben, und zweitens weil sie eifersüchtig sind. Der Skorpion-Frau dagegen ist es daheim zu wenig herausfordernd, ihr wird schnell langweilig. Lässt ihr Krebs-

Mann sie allein ausgehen, wird sie anderswo Affären suchen, denn der Skorpion will begehrt sein.

Auch für den Skorpion-Mann darf die Krebs-Frau nicht allzu langweilig und häuslich sein, sie muss sich von ihm mitreißen lassen – hinein in die Society! Das geht an sich etwas gegen die Natur des Krebses, aber wenn er sich mitreißen lässt, wird ihm dies auch gefallen.

Krebs & Fische

An sich sind Krebs und Fische artverwandte Wesen, beide sind sensibel, beide grenzen sich gern ab und ziehen sich oftmals zurück, der Krebs in seine Schale und die Fische in die Tiefen ihrer Seele. Alles, was ihre Psyche bedroht, wird als Gefahr wahrgenommen. Fische sind ein zaghaftes Sternzeichen. Wirtschaftliche Verluste und jede Art von Konflikten ängstigen sie. An sich könnte der Krebs den Fischen seelische Beruhigung bieten.

Die Krebs-Frau könnte für den Fische-Mann die Schulter sein, die dieser braucht. Der Fische-Mann ist generell ein problematisches Sternzeichen, er flüchtet vor Verantwortung und Stress. Deshalb ist auch oft zu beobachten, dass sich Krebs-Frauen jüngere Männer nehmen, bei denen sie ihre Mütterlichkeit ausleben können. Was ein Fische-Mann gern annimmt.

Fische-Männer haben keine großzügige Ader. Besser wäre es also, wenn in dieser Beziehung die Krebs-Frau die Finanzen verwaltet. Fische-Männer sind oft recht geizig. Sie sind so mit sich selbst beschäftigt, dass sie sich nur schwer in die Bedürfnisse ihrer Familienangehörigen hinein versetzen können und verlassen sich oftmals auf ihre Ehefrauen.

Die Verbindung Fische-Frau und Krebs-Mann kann besser funktionieren. Der Krebs gibt die wirtschaftliche Linie vor, er sorgt für das Finanzielle und erwartet von der Fische-Frau dafür ein trautes, gemütliches Heim. Der Krebs will häuslich bekocht und bewirtet werden. Manche Fische-Frauen fühlen sich durch die Ansprüche ihres Krebs-Partners oft überfordert, denn die Fische-Frau will ihr eigenes Leben führen, ihre eigenen Talente ausleben und nicht nur auf Haus und Herd festgelegt sein.

In ihrem Geschmack sind Krebs und Fische sehr ähnlich. Sowohl was die gediegene, gemütliche Einrichtung der Wohnung betrifft, der Mix aus Alt und Neu, als auch in ihrem kulinarischen Genussleben: Beide bevorzugen die eher klassische, gutbürgerliche Küche.

Fische verwöhnen sich gern mit Bodenständigem: ein ordentlicher Rindsbraten, faschierte Laibchen, gefülltes Huhn, leckere Rindsrouladen, Kalbsnierenbraten, auch Geflügel- und Wildgerichte. Alles, was in unseren Wäldern lebt und auf den Tisch kommt, mundet: Wildhasen mit Semmelknödel, Fasan im Speckhemd sowie alles aus der heimischen Küche. Auch Fische bis hin zu Sushi oder ein saftiger Karpfen munden. Fische erfreuen sich vielfach auch an der vegetarischen Küche, weil sie oftmals mit ihrem Magen Probleme haben. Fische sind gute Mehlspeisköche: Mohnnudeln, Germknödel, Kaiserschmarrn, Palatschinken, Kuchen, Kekse. Ausführliche Rezepte für die Fische finden Sie in unserem Genussband FISCHE.

Bei einem außergewöhnlichen Dinner mit einigen guten Gläsern Wein kann man sie sich sehr gut gemeinsam vorstellen. In ihren Gaumenfreuden liegen sie nicht weit auseinander. Gut vorstellbar ist, dass Krebs und Fische miteinander ein Restaurant führen: Der Fisch als geselliger Unterhalter und Chef de plaisir, der Krebs als der wirtschaftliche Chef, der den Laden finanziell auf Trab hält.

Beide Sternzeichen tun gut daran, ihre Verdauungsorgane zu schonen, leichte Schonkost bekommt beiden. Bei beiden schlägt sich vor allem Stress auf den Magen.

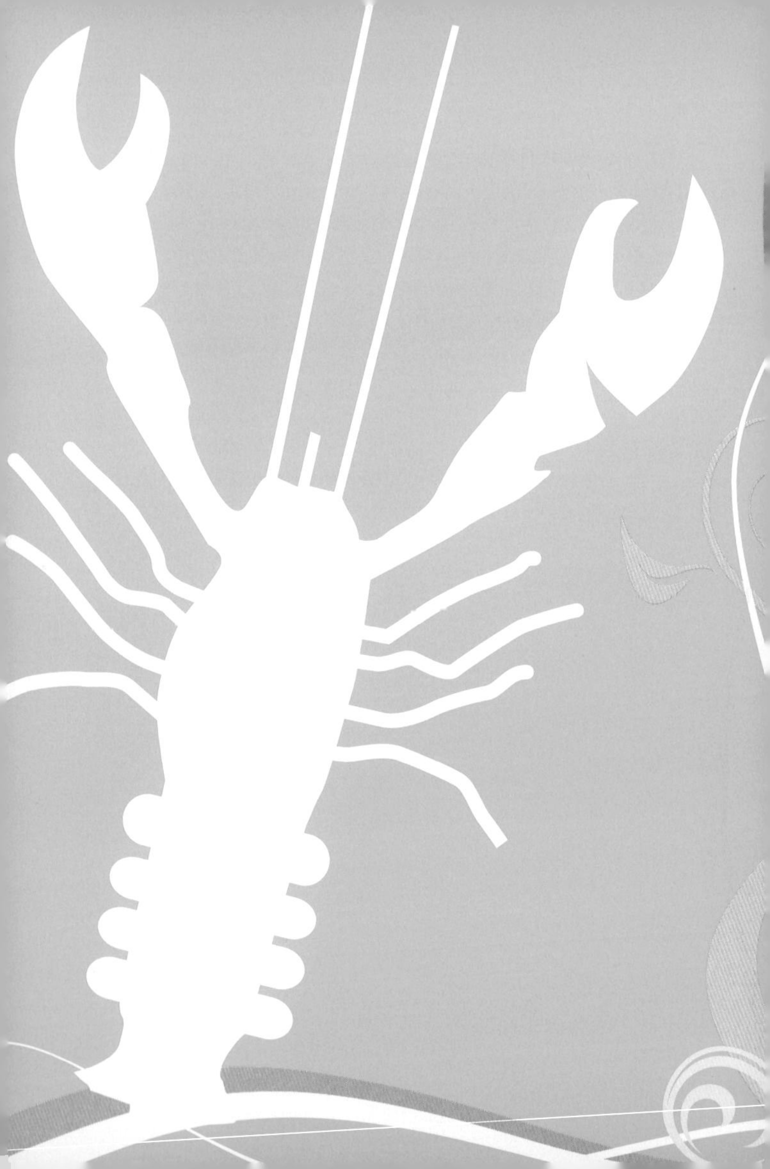

DEM KREBS IN DEN KOCHTOPF GESCHAUT

ALT-WIENER HÜHNERSUPPENTOPF

Zutaten für 4 Portionen

750 g Hühnerflügerl, -mägen, -hälse und -leber
1 Bund Suppengemüse | 300 g Karotten, Sellerie, Erbsen etc.
50–80 g dünne Suppennudeln | Salz | Pfeffer
Hühnersuppenwürze nach Bedarf | frisch gehackte Petersilie

Zubereitung

Hühnerteile – bis auf die Hühnerleber – mit Suppengemüse in reichlich kaltem Salzwasser (ca. 1,5 Liter) aufkochen lassen und zugedeckt auf kleiner bis mittlerer Hitze eine Stunde kochen. Erst 10 Minuten vor Ende der Kochzeit die Leber zugeben und fertig garen.

Inzwischen Karotten, Sellerie, Erbsen je nach Sorte putzen und bei Bedarf kleinwürfelig schneiden. Hühnerteile und zerkochtes Gemüse aus der Suppe heben. Gemüse weggeben. Das Hühnerfleisch von den Knochen lösen und dabei sehr sorgfältig alle Knöchelchen und Knorpeln entfernen. Fleisch und Leber klein schneiden. Das vorbereitete Einlagen-Gemüse in der Suppe bissfest kochen. Suppennudeln zugeben und ebenfalls gar kochen. Fleisch einmengen und die Suppe mit Salz sowie Pfeffer und gegebenenfalls Suppenwürze abschmecken. Noch einmal kurz aufkochen lassen. In vorgewärmten Tellern anrichten und mit frisch gehackter Petersilie bestreuen.

OMAS ERDÄPFELSUPPE

Zutaten für 4–5 Portionen

500 g Erdäpfel | 100 g Geselchtes | 1 kl. Stange Porree
100 g Suppengemüse | 1 Zwiebel | 1 Knoblauchzehe
1 Lorbeerblatt | 1 TL ganzer Kümmel | ca. 2 EL Mehl
3 EL Sauerrahm | Majoran | Salz, Pfeffer | 2–3 EL Butter

Zubereitung

Geselchtes sowie Zwiebel in sehr feine, Erdäpfel und Suppengemüse in Würfel, Porree in Ringe schneiden. Knoblauch fein hacken. Einen Topf mit etwa 1,3 Liter Wasser aufstellen, Erdäpfel und Suppengemüse zugeben, mit Salz, Pfeffer, Kümmel, Majoran sowie dem Lorbeerblatt aromatisieren und etwa 20 Minuten weich kochen.
Nun in einem anderen Topf Butter schmelzen und die Zwiebel langsam hell anschwitzen. Knoblauch, Porree sowie Geselchtes zugeben, Mehl darüber stauben und kurz durchrühren. Nach und nach mit der Erdäpfelsuppe (möglichst ohne Erdäpfelwürfel) aufgießen und dabei kräftig rühren, damit sich keine Mehlklümpchen bilden. Restliche Suppe (mit den Erdäpfeln) zugießen und alles gut durchkochen. Sauerrahm glattrühren (ist die Suppe noch zu dünn, noch 1 KL Mehl einrühren) und unter die Suppe rühren. Sämig einkochen und nochmals abschmecken.

ITALIENISCHE FISCHSUPPE

Zutaten für 4 Portionen

1 kg gemischte Fischfilets an der Gräte
200 g Garnelen | 1 große Zwiebel | 1 Stange Porree
1 Stange Sellerie | 2 Knoblauchzehen
ca. 600 ml Fischfond oder Gemüsesuppe
300 ml trockener Weißwein | 2 Dosen geschälte Tomaten
1 EL Tomatenmark | Zitronensaft | 5 EL Olivenöl
gehackte Petersilie | Salz | Pfeffer

Zubereitung

Fischfilets waschen, in mundgerechte Stücke schneiden und rundum mit Zitronensaft beträufeln. Ziehen lassen. Inzwischen Porree und Sellerie in dünne Scheiben, Zwiebel feinwürfelig schneiden, Knoblauch fein hacken, die Tomaten in eine Schüssel gießen und mit einer Gabel zerdrücken.
In einem Topf Zwiebel in reichlich Olivenöl langsam anschwitzen, Knoblauch, Porree und Sellerie zugeben, durchrösten. Tomatenmark einrühren, mit Wein aufgießen und einmal kräftig aufkochen lassen. Tomaten (mit dem Saft) einrühren und 8–10 Minuten zugedeckt vor sich hin köcheln lassen. Fischfilets einlegen und so viel Fond zugießen, dass diese gut bedeckt sind. Etwa 5 Minuten kochen, dann Garnelen und bei Bedarf noch etwas Fond zugeben. Noch kurz ziehen lassen, bis Fische und Garnelen gar sind. Mit Salz und Pfeffer abschmecken. Anrichten und mit gehackter Petersilie bestreuen. Mit frischem Weißbrot servieren.

RÄUCHERFORELLENFILET MIT DILLRAHM AUF FRISÉESALAT

Zutaten für 4 Portionen

4 Räucherforellenfilets | 1 Friséesalat | 1 Radicchio
200 ml Sauerrahm | 100 ml Crème fraîche | 1 Bund Dille
Dillsenf (oder süßer Senf) | 1 ½ EL Essig | 3 EL Olivenöl
Zucker | Zitronensaft | Salz | Pfeffer | Zitronenspalten

Zubereitung

Die Räucherforellenfilets sorgfältig auf Gräten überprüfen und in kleinere Streifen schneiden. Salate waschen, trocken schleudern und in mundgerechte Stücke zupfen. In einer kleinen Schüssel Öl mit Salz, Pfeffer, einer Prise Zucker und einem Teelöffel Senf glatt rühren. Mit Essig zu einer Marinade verrühren und den Salat damit marinieren. Auf Tellern dekorativ anrichten.

Dille fein hacken, dabei einige Zweiglein für die Garnitur zur Seite legen. Mit Sauerrahm, Crème fraîche, Salz, Pfeffer, einem Schuss Zitronensaft und etwa einem Kaffeelöffel Senf verrühren. Räucherforellenfilets auf den Salat setzen und Dillrahm daneben anrichten. Mit Dillzweiglein und Zitronenspalten garnieren. Mit knusprig gerösteten Toastbrotscheiben servieren.

GARNELENOMELETT MIT KRÄUTERN

Zutaten für 4 Portionen

6–8 Eier | 300 g ausgelöste Garnelen | 80–100 ml Milch
½ Bund Frühlingszwiebeln
4 EL gehackte Dille, Petersilie, Schnittlauch
Chilipulver oder Cayennepfeffer | Salz | Pfeffer
Butter oder Butterschmalz
2 EL frisch geriebener Parmesan nach Belieben

Zubereitung

Die Eier trennen. Eiklar mit einer Prise Salz steif schlagen. Eidotter mit Milch, Salz, Pfeffer und Chili vermengen. Gehackte Kräuter einrühren und alles vorsichtig unter den Schnee ziehen.

Backrohr auf 180 °C vorheizen. Frühlingszwiebeln fein hacken und in einer großen oder zwei kleineren Pfannen in reichlich Butter hell anschwitzen. Eiermasse jeweils eingießen, kurz anbacken lassen, Garnelen darüber verteilen und nochmals mit Salz, Pfeffer und etwas Chili würzen. Omelett(en) im heißen Backrohr (oder zugedeckt auf dem Herd bei kleinster Hitze) noch einige Minuten schön goldbraun fertig backen. Nach Geschmack kurz vor dem Herausnehmen mit Parmesan bestreuen und diesen noch rasch gratinieren lassen. Herausnehmen, in Portionsstücke teilen und auf vorgewärmten Tellern anrichten.

ÜBERBACKENER EMMER-AUFLAUF

Zutaten für 4 Beilagenportionen

250 g Emmer (= Zweikorn) oder andere biologische Weizenart
300 g Mangold oder Blattspinat | 1 Bund Frühlingszwiebeln
250 ml Sauerrahm | 2–3 Eier | 1 Pkg. Feta
ca. 500 ml Suppe oder Wasser | 1 Lorbeerblatt
3 gehackte Knoblauchzehen | geriebener Käse nach Belieben
Majoran | Kurkuma | Salz | Pfeffer | Rapsöl

Zubereitung

Emmer nach Anleitung in Suppe oder Wasser aufkochen lassen. Lorbeerblatt, Majoran sowie Pfeffer zugeben (bei Wasser auch kräftig Salz) und weich kochen. Am Schluss sollte keine Flüssigkeit mehr vorhanden sein. Inzwischen Zwiebeln fein hacken und in Öl hell anschwitzen. Mangold oder Blattspinat zugeben, mit Knoblauch, Kurkuma, Salz und Pfeffer kräftig würzen, bei Bedarf wenig Suppe zugießen und weich dünsten. Backrohr auf 180 °C vorheizen. Nun Emmer, Mangold und zerbröselten Schafkäse vermengen. Nochmals kräftig abschmecken. In eine ausgefettete Form einfüllen. Nach Belieben geriebenen Käse darüber streuen. Sauerrahm mit Eiern verrühren, ebenfalls würzen und über die Masse gießen. Etwa 20–30 Minuten überbacken, bis die Masse gestockt ist. Als Beilage oder als eigenständige Hauptmahlzeit, etwa mit Tomaten- oder Gurkensalat, servieren.

SPAGHETTI VONGOLE MIT SPECK-WEISSWEIN-SAUCE

Zutaten für 4 Portionen

ca. 320 g Spaghetti | 1 kg Vongole (Venusmuscheln)
100 g nicht zu fetter Speck | 2 mittlere Zwiebeln
2 Knoblauchzehen | 1 Dose geschälte Tomaten
40 ml Wermut | 200-300 ml trockener, kräftiger Weißwein
5–6 EL Olivenöl | 2 EL gehackte Petersilie
Thymian | Salz | Pfeffer

Zubereitung

Vongole unter fließendem Wasser gut waschen und bereits geöffnete Muscheln aussortieren. Zwiebeln und Speck feinwürfelig schneiden, Knoblauch fein hacken. In einem großen (möglichst dekorativen) Topf das Olivenöl langsam erhitzen. Speck- und Zwiebelwürfel zugeben und hell anschwitzen. Dann Knoblauch einrühren. Mit Weißwein sowie Wermut aufgießen und kurz, aber kräftig aufkochen lassen. Die Tomaten grob zerkleinern und mit dem Saft einmengen. Mit Salz, Pfeffer sowie Thymian würzen und die geputzten Muscheln zugeben. Deckel aufsetzen und die Muscheln einige Minuten lang garen, bis sich alle geöffnet haben.
Inzwischen Spaghetti nach Anleitung al dente (bissfest) kochen. Abgießen, kalt abschrecken und mit etwas Olivenöl durchmischen. Zu den Vongole geben und gut vermengen. Mit Salz sowie Pfeffer abschmecken, mit Petersilie bestreuen und im Topf auftragen.

TAGLIATELLE-GAMBERETTI-AUFLAUF

Zutaten für 4 Portionen

300-350 g Tagliatelle (Bandnudeln) | 1 kl. Zwiebel | 2 Zucchini
400 g geschälte Gamberetti (kl. Garnelen) | 1 Karotte
2 Dosen geschälte Tomaten | 1 EL Tomatenmark
Rotweinessig | Oregano | Thymian | Salz | Pfeffer
5 EL Olivenöl | 250 ml Schlagobers | 2–3 Eier
geriebener Parmesan

Zubereitung

Tagliatelle in reichlich Salzwasser nach Anleitung al dente kochen, abseihen, kalt abschrecken und abtropfen lassen. Zucchini in feine Streifen, die Zwiebel kleinwürfelig schneiden, die Karotte raspeln. Tomaten grob zerkleinern. Nun in einem großen Topf Zwiebeln in reichlich Olivenöl langsam hell anschwitzen, Zucchini und Karotten zugeben, durchrösten und Tomatenmark einrühren. Mit einem Schuss Essig ablöschen, Tomaten grob zerkleinern, zugeben, mit Salz, Pfeffer, Oregano und Thymian kräftig würzen. Zugedeckt 5–10 Minuten köcheln lassen. Inzwischen das Backrohr auf 180 °C vorheizen. Rohe Gamberetti unter die Sauce mengen und die Tagliatelle einrühren. Gut vermengen. In eine mit Öl ausgestrichene Auflaufform füllen. Großzügig mit frisch geriebenem Parmesan bestreuen. Schlagobers mit Eiern verrühren, salzen, pfeffern und über den Auflauf gießen. Etwa 30 Minuten überbacken, bis der Guss gestockt ist.

FLUSSKREBSE AUF SCHWAMMERLREIS

Zutaten für 4 Portionen

24 Flusskrebse | 330 ml Bier
250 g Schwammerln (Steinpilze, Eierschwammerln)
1 gr. Tasse Reis | 1 Bund Petersilie | 3 Frühlingszwiebeln
Kümmel | Pfefferkörner | Salz | Butter | 2 EL Parmesan

Zubereitung

Einen Teil der Petersilienblätter abzupfen und fein hacken, den Rest an den Stielen lassen. In einem großen Topf reichlich Wasser mit dem Bier, einer Prise Salz, Kümmel, Pfefferkörnern und Petersilstängeln aufkochen. Krebse zugeben, zudecken und ca. 5 Minuten ziehen lassen. Krebse wieder herausheben (dabei etwas Sud aufbewahren), kalt abschrecken und das Fleisch vorsichtig auslösen. Frühlingszwiebeln fein hacken, in etwas Butter hell anschwitzen, Reis zugeben und mit 2 Tassen Sud aufgießen. Salzen und Reis zugedeckt weich dünsten, währenddessen ab und an umrühren.

Inzwischen die Schwammerln klein schneiden und in Butter weich dünsten, bis die Flüssigkeit verdunstet ist. Die Krebse zugeben, durchrühren, salzen und pfeffern. Unter den fast fertig gegarten Reis mengen, nochmals abschmecken und vor dem Servieren Parmesan unterrühren. Auf Tellern anrichten, dabei darauf achten, dass obenauf ein paar Krebse zu liegen kommen. Mit Petersilie bestreuen und auftragen.

REINANKE IM SPECKMANTEL

Zutaten für 4 Portionen

4 ganze Reinanken oder Forellen à ca. 250 g
500 g sehr kleine Heurige (junge Erdäpfel) in der Schale
1 Bund frische Kräuter (Kerbel, Estragon, Petersilie)
200 g dünn geschnittener Bauchspeck | Zitronensaft
Salz | Butter und Rapsöl

Zubereitung

Erdäpfel in Salzwasser ca. 15 Minuten kochen. Abseihen. Kräuter grob schneiden bzw. wiegen. Die Fische waschen, trocken tupfen und mit Zitronensaft beträufeln, leicht salzen (auch innen) und den Bauchraum mit einem Teil der Kräuter füllen. So viele Erdäpfel locker hineingeben, dass der Fisch dennoch gut mit Speck umwickelt werden kann. Restliche Erdäpfel warm stellen.

In einer großen oder zwei mittleren Fischpfannen reichlich Butter und etwas Öl erhitzen und die Fische zuerst kräftig anbraten, dann Hitze reduzieren und auf beiden Seiten insgesamt etwa 20–30 Minuten fertig braten. Etwa 5 Minuten vor Garungsende die restlichen Erdäpfel nochmals bei milder Hitze in etwas Butter schwenken. Die übrig gebliebenen Kräuter zugeben und durchschwenken. Gebratene Forellen mit den Erdäpfeln anrichten und erst bei Tisch an der Bauchseite aufschneiden.

FASCHIERTER BRATEN

Zutaten für 4 Portionen

750 g Faschiertes | 100 g Speckscheiben
3 Scheiben altbackenes Weißbrot | Milch zum Einweichen
1–2 Eier | 1 kl. Zwiebel | 1 Knoblauchzehe
ca. 1–2 EL Semmelbrösel | 2 EL gehackte Petersilie
1 TL Sardellenpaste | Majoran | Muskatnuss
Salz | Pfeffer | ½ Becher Sauerrahm und 1 KL Mehl
ca. 250 ml Rindsuppe zum Aufgießen | Pflanzenöl

Zubereitung

Weißbrot in etwas Milch einweichen. Zwiebel und Knoblauch fein hacken. In einer Pfanne etwas Öl erhitzen und die Zwiebeln hell anschwitzen. Knoblauch zugeben und kurz mitrösten lassen. Vom Herd nehmen und abkühlen lassen. Faschiertes in ein Schüssel geben und mit Zwiebeln, Eiern, Sardellenpaste und den Gewürzen vermengen. Brot gut ausdrücken, zwischen den Fingern zerkrümeln und ebenfalls zugeben. Mit Semmelbröseln zu einer kompakten Masse verarbeiten.
Backrohr auf 180 °C vorheizen. Fleischmasse zu einem Striezel formen und in eine ausgefettet Form setzen. Mit Speckscheiben abdecken und 1–1 ½ Stunden braten. Dann Braten herausheben und in Alufolie gehüllt warm stellen. Etwas Rindsuppe in die Form gießen und den Bratensatz lösen. Sauerrahm mit Mehl glatt rühren, kräftig einrühren und einkochen lassen. Braten tranchieren, mit Sauce auftragen und dazu Erdäpfelpüree mit knusprigen Zwiebelringen servieren.

SCHWEINSROULADE IN MOSTSAUCE

Zutaten für 4 Portionen

4 gr. Schweinsschnitzel | 250 g Faschiertes | 1 EL Speckwürfel
3 Frühlingszwiebeln | 1 Apfel | 2 EL gehackte Petersilie
1 Eidotter | 1 EL Sauerrahm | 1 KL gehackte Kapern
1 TL Sardellenpaste | 1 Scheibe Toastbrot | ca. 300 ml Most
Rindsuppe | Butterschmalz | 1 KL Maisstärke | Salz | Pfeffer

Zubereitung

Zwiebeln fein schneiden und mit Speck in heißem Butterschmalz anschwitzen. Petersilie einrühren, vom Herd nehmen. Toastbrot in Wasser einweichen, ausdrücken und mit den Zwiebeln unter das Faschierte mengen. Dotter, Rahm, Kapern, Sardellenpaste, Salz sowie Pfeffer zugeben. Schnitzel klopfen, salzen, pfeffern und mit der Masse bestreichen. Einrollen und mit Küchengarn zusammenbinden. In heißem Butterschmalz rundum anbraten, herausheben. Den grobwürfelig geschnittenen Apfel zugeben, mit Most ablöschen und etwas Suppe zugießen. Rouladen wieder einlegen und zugedeckt unter wiederholtem Wenden zugedeckt eine gute Stunde weich dünsten. Dabei bei Bedarf Suppe nachgießen. Rouladen herausheben, Saft abseihen und mit etwas Most erneut aufkochen. Eventuell Suppe zugießen und die Sauce einkochen lassen. Maisstärke in wenig kaltem Wasser anrühren, zugeben und sämig einkochen. Abschmecken. Rouladen tranchieren, mit Sauce beträufeln und mit Serviettenknödeln oder Spätzle auftragen.

ESTERHÁZY-ROSTBRATEN

Zutaten für 4 Portionen

4 Scheiben Rostbraten (Beiried) | 100 g Speck | 1 Zwiebel
1 Bund Wurzelwerk | 2 Sardellenfilets aus der Dose
1 EL fein gehackte Kapern | 1 TL geriebene Zitronenschale
1 KL scharfer Senf | 150 ml Sauerrahm | 1 EL Mehl
Rindsuppe zum Aufgießen | Salz | Pfeffer | Mehl
Butter und Pflanzenöl | gehackte Petersilie

Zubereitung

Zwiebel, Sardellen und Speck in feine Würfel, Wurzelwerk in Streifen schneiden. Fleisch salzen, pfeffern und in Mehl wenden. In heißem Öl beidseitig kurz braten und wieder herausheben. Nun Zwiebeln mit Speck anschwitzen. Drei Viertel des Wurzelwerks und Sardellen zugeben, durchrösten und Senf einrühren. Rasch mit etwas Suppe aufgießen.
Backrohr auf 180 °C vorheizen. Alles in eine feuerfeste Form geben. Fleisch zwischen bzw. unter das Wurzelwerk geben und so viel Suppe oder Wasser zugießen, dass das Fleisch knapp davon bedeckt ist. Zugedeckt ca. 1 ½ Stunden weich garen, dabei öfter wenden und eventuell Suppe zugießen. Inzwischen restliches Wurzelwerk in Butter langsam knackig braten. Fleisch herausheben. Kapern mit Zitronenschale einrühren. Rahm mit Mehl glattrühren, einmengen und die Sauce sämig einkochen. Abschmecken, Fleisch zugeben und mit Petersilie und Wurzelwerk bestreuen. Mit Braterdäpfeln servieren.

BRATHENDL AUS DEM RÖMERTOPF

Zutaten für 4 Portionen

2 kl. Hühner | 600 g kleine Erdäpfel | 1 Bund Frühlingszwiebeln 1 Bd. Suppengemüse | 4 Knoblauchzehen | 2 Rosmarinzweige 300 ml trockener Weißwein| Hühnersuppe | Thymian | Salz Pfeffer | Rapsöl | Kalte Butter

Zubereitung

Römertopf gut wässern. Hühner innen sowie außen kräftig mit Salz, Pfeffer und Thymian würzen. Bauchraum mit Rosmarinzweigen, Knoblauch sowie Frühlingszwiebeln füllen und Öffnung mit Zahnstochern fixieren. Die Hendln in heißem Öl rundum kräftig anbraten, wieder herausnehmen und Weißwein eingießen. Einmal kräftig aufkochen lassen und vom Herd nehmen. Erdäpfel schälen und eventuell halbieren.

Weinsauce in den Römertopf gießen, Gemüse grob würfeln, hineingeben und die Hendln daraufsetzen. Erdäpfel rundum gruppieren. Bei Bedarf noch etwas Hühnersuppe zugießen. Ins Backrohr schieben und bei 170 °C je nach Größe etwa 1 ½ Stunden garen. Hühner herausheben und warm stellen. Sauce abseihen, etwas Hühnersuppe zugießen und nochmals kräftig einkochen lassen. Etliche Flocken kalte Butter einrühren und die Sauce damit sämig binden, aber nicht mehr kochen. Hendln tranchieren und mit den mitgebratenen Erdäpfeln anrichten. Mit Erbsenschoten oder Melanzani-Zucchini-Gemüse servieren.

WILDSCHWEINBRATEN MIT PREISELBEERSAUCE

Zutaten

1 kg Wildschweinschlegel ohne Knochen
1 Wurzelwerk | 1 Zwiebel | 2–3 EL Preiselbeermarmelade
ca. 250 ml Rotwein | 50 ml Rotweinlikör | 1–2 Lorbeerblätter
Wacholderbeeren | Neugewürz | Pfefferkörner
Wildfond oder Rindsuppe | Thymian | Salz | Pfeffer
Pflanzenöl | 150 ml Sauerrahm und 1–2 KL Mehl

Zubereitung

Fleisch rundum mit Salz, Pfeffer sowie Thymian würzen und mit Küchengarn in Form binden. Wurzelwerk und Zwiebel grobwürfelig schneiden. Backrohr auf 180 °C vorheizen. Wildschweinbraten in heißem Öl rundum anbraten und wieder herausheben. Zwiebel und Gemüse zugeben, bei Bedarf frisches Öl nachgießen und ebenfalls anbraten. Mit Rotwein ablöschen, Preiselbeeren einrühren, Lorbeerblätter, Wacholder, Neugewürz sowie Pfefferkörner zugeben und mit etwas Wildfond aufgießen. In eine passende Bratenpfanne (mit Deckel) gießen, Fleisch wieder einlegen und zugedeckt etwa 2 Stunden weich dünsten. Währenddessen wiederholt wenden und bei Bedarf noch etwas Wein oder Suppe nachgießen. Braten herausheben und in Alufolie gehüllt rasten lassen. Bratensaft abseihen, Rotweinlikör sowie etwas Suppe zugießen und aufkochen lassen. Mehl mit Rahm glattrühren, zugeben und Sauce sämig kochen. Braten tranchieren und mit Sauce und Knödeln servieren.

BIRNE HELENE

Zutaten für 4 Portionen

4 süße Birnen | ca. 300 ml voller Weißwein
1 EL Kristallzucker | 1 Zimtstange | 1 Pkg. Vanillezucker
3–4 Gewürznelken | 100 g dunkle Schokolade
150 ml Schlagobers | Vanilleeis | Mandelsplitter

Zubereitung

Birnen schälen, halbieren und das Kerngehäuse (am besten mit einem Kugelausstecher) herausschneiden, Stiel nach Belieben lassen oder ebenfalls entfernen. In einem breiten Topf Wein mit Kristallzucker, Zimt und Nelken erhitzen. Birnen einlegen und bei geringer Hitze einige Minuten vor sich hin köcheln lassen (sie sollen noch bissfest sein!). Dabei wiederholt wenden. Vom Herd nehmen und im Sud abkühlen lassen. Schokolade im heißen Wasserbad oder bei minimalster Hitze in einem Topf am Herd schmelzen. In einem Topf Schlagobers mit Vanillezucker langsam aufkochen, vom Herd nehmen und mit der geschmolzenen Schokolade vermengen. Birnen auf möglichst kalten Tellern anrichten, mit einem Kugelausstecher Vanilleeis portionieren und daneben platzieren. Mit der warmen Schokoladesauce überziehen und mit Mandelsplittern garnieren.

MALAKOFFTORTE

Zutaten für 1 Torte

200 g raumtemperierte Butter | 200 g geriebene Mandeln
200 g Staubzucker | 4 Eidotter | 150 ml Schlagobers
ca. 50 Biskotten | ca. 250 ml Milch | 50 ml Rum

Für die Garnitur

250 ml Schlagobers | Mandelsplitter | Biskotten
kandierte Kirschen

Zubereitung

Für die Creme in einer Schüssel Butter mit Zucker gut schaumig rühren. Nach und nach die Eidotter einrühren. Geriebene Mandeln und flüssiges Schlagobers zugeben und zu einer steifen Creme verrühren.

Eine Springform bereitstellen, die Milch mit Rum in einem Suppenteller vermengen. Nun die Biskotten nacheinander in Milch kurz wenden und den Tortenboden damit auslegen. Den Rand mit halbierten Biskotten auskleiden. Großzügig Creme auftragen, abermals mit getränkten Biskotten belegen und diesen Vorgang so lange wiederholen, bis alles verbraucht ist, dabei mit Biskotten abschließen. Mit Klarsichtfolie abdecken und im Kühlschrank einige Stunden ziehen lassen. Dann mit einem Messer den Rand vorsichtig lösen und den Rand der Springform abheben. Torte rundum mit geschlagenem Schlagobers bestreichen, Tortenrand mit Mandelsplittern bestreuen und obenauf nach Belieben mit halbierten Biskotten, Kirschen und Schlagobersrosetten garnieren.

WACHAUER MARILLENKNÖDEL

Zutaten für 4 Portionen

ca. 12–16 Marillen (je nach Größe) | 100–150 g Rohmarzipan
250 g Topfen | 1 Ei | 70 g Weizengrieß | 70 g Mehl
70 g zimmerwarme Butter | 1 EL Vanillezucker | Salz
Zimtpulver | Semmelbrösel | Butter
Staubzucker zum Bestreuen

Zubereitung

Topfen mit dem Ei, Grieß, Mehl, zimmerwarmer Butter, Vanillezucker und wenig Salz zu einem Teig verarbeiten. Abgedeckt kühl rasten lassen.

Währenddessen Marillen entkernen. Ungefähr in Größe des Kerns jeweils ein Stückchen Marzipan zu einer Kugel formen und an Stelle des Kerns einsetzen. Marillen wieder gut zusammendrücken. Nun den Teig zu einer dickeren Rolle formen und jeweils ein Stück Teig abtrennen. Zwischen den Handflächen etwas flachdrücken, eine Marille darauf legen und gut mit Teig umhüllen. In einem großen Topf reichlich Salzwasser aufkochen, die Knödel ins Wasser gleiten lassen und etwa 8–10 Minuten leicht wallend ziehen lassen, bis die Knödel an die Wasseroberfläche steigen.

Inzwischen Butter aufschäumen lassen. Semmelbrösel einstreuen und goldbraun rösten. Kräftig mit Zimt würzen und nochmals durchrühren. Die Knödel in den Zimt-Butter-Bröseln wälzen. Mit Staubzucker bestreut servieren.

ÜBERBACKENE TOPFENPALATSCHINKEN

Zutaten 4-5 Portionen

4 Eiklar | 4 Eidotter | 2 EL Butter | 300 g Topfen
250 ml Sauerrahm | 2 EL Kristallzucker | 5 EL Staubzucker
200 ml Milch | 100 ml Schlagobers | 1 Ei | 1 Pkg. Vanillezucker
2–3 EL in Rum eingeweichte Rosinen | Zitronenschale
Staubzucker zum Bestreuen

Für die Palatschinken

ca. 200 g Mehl | 2–3 Eier | 350 ml Milch
2 EL geschmolzene Butter | Salz | Pflanzenöl

Zubereitung

Für die Palatschinken Eier in eine Schüssel schlagen, mit Milch, Mehl, flüssiger Butter sowie einer Prise Salz verschlagen und zu Palatschinken backen, übereinander legen und warm halten. Backrohr auf 180 °C vorheizen. Für die Fülle Eiklar mit Kristallzucker steif schlagen. Eidotter mit Butter, Vanillezucker, Staubzucker und etwas abgeriebener Zitronenschale schaumig schlagen. Topfen, Sauerrahm sowie Rosinen einrühren, Schnee unterziehen. Palatschinken mit der Masse füllen, einrollen, einmal durchschneiden und eng nebeneinander in eine gefettete Form einschichten. 15 Minuten backen. Inzwischen Milch, Schlagobers, Ei und nach Belieben Zucker verrühren. Über die Palatschinken gießen und weitere 15 Minuten fertig backen. Mit Staubzucker bestreut servieren.

SALZBURGER NOCKERLN

Zutaten für 6 Portionen

6 Eiklar | 3 Eidotter | ½ Pkg. Vanillezucker | Prise Salz
3 EL Kristallzucker | etwas abgeriebene Zitronenschale
2 EL glattes Mehl | Staubzucker zum Bestreuen

Für die Form

100 ml Milch | 1 EL Butter | ½ Pkg. Vanillezucker
Butter für die Form

Zubereitung

Für das Vorbereiten der Form Milch mit Butter und Vanillezucker erwärmen. Vom Herd nehmen. Das Backrohr auf 200 °C vorheizen. Eiklar mit einer Prise Salz sowie Vanillezucker fast steif schlagen. Kristallzucker zugeben und zu festem Schnee schlagen. Eidotter mit der abgeriebenen Zitronenschale verrühren und mit dem Mehl vorsichtig unter die Schneemasse ziehen. Dabei die Eidotter nur locker (nicht zu gut!) einrühren, damit die Masse die typischen „Schlieren" bekommt.
Eine passende Form großzügig mit Butter ausstreichen, mit der Milch ausgießen und die Masse vorsichtig mit einer Teigkarte in Form von großen, pyramidenförmigen Nocken hineinsetzen. Im heißen Rohr etwa 8–10 Minuten goldgelb backen (die Spitzen sollten gerade leicht angebräunt sein). Nockerln herausnehmen, mit Staubzucker bestreuen und auftragen.

Herbert Pfarrhofer / APA / picturedesk.com

Gerda Rogers, geboren in Mährisch Schönau, Tschechien, eröffnete nach Jahren im Showbusiness in der Nähe von Wien eine Praxis für astrologische Lebensberatung. Ihr Wissen präsentiert sie einem breiten Publikum im Radio (u.a. in den „Ö3-Sternstunden"), bei TV-Auftritten und in Print-Medien.

NEWS/Prader

Senta Ziegler, Dr. iur., wurde 2010 vom Branchenmagazin „Der Journalist" zum vierten Mal zur erfolgreichsten Gesellschaftsjournalistin des Jahres gekürt. Autorin der Bestseller „Österreichs First Ladies" und „Der Medien-Knigge" sowie der Biografie von Dagmar Koller „Jetzt fängt's erst richtig an".